『RRR』で知る インド近現代史

笠井亮平

文春新書

1443

『RRR』で知るインド近現代史◎目次

序章　『RRR』をご存じか？　9

第1章　「非・非暴力」の反英植民地闘争　19

超悪役ぶりを発揮した『RRR』の英国人総督夫妻／インド総督暗殺を企てた「中村屋のボース」／インド、一九二〇年――強権的な統治が頂点に／ラーマの昇進を阻んだ構造とは／幕藩体制にも似たイギリスのインド統治／実在したラーマとビーム／ゴンド族の指導者、コムラム・ビーム／「旗」に秘められた意味／「ナートゥ・ナートゥ」を踊ったあの場所は／最後に登場する「八人の闘士」（一）／最後に登場する「八人の闘士」（二）

コラム①　日本のインド映画ブームに火を付けた「あの作品」

第2章　映画が描いたインド独立闘争の一〇〇年　59

インド大反乱の幕開け――『マンガル・パンデー』／歴史的超大作――『サイラー　ナラシムハー・レッディ　偉大なる反逆者』／インドのジャンヌ・ダルク――『マニカルニカ　ジャーンシーの女王』／「プールナ・スワラージ」（完全独立）の要求へ／高級官僚の道を捨てて独立運動へ――チャンドラ・ボースの半生／日本と協力して武力解放を夢見たボース――『忘れられた英雄』／ボースが展開した「総力戦」とその後／大英帝国の落日と分離独立がもたらした悲劇――『英国総督　最後の家』

コラム② 女性をめぐる伝統と現代の摩擦——『グレート・インディアン・キッチン』と『パッドマン』

第3章 いまなぜ、インドで愛国映画が大ヒットするのか 101

反英闘争映画の変化／「巨大ダイヤを返還せよ」——イギリスに対する強硬な主張の登場／二一世紀初頭から始まったインドの台頭／モディ政権の誕生と高揚するヒンドゥー至上主義／印パ関係が映画産業に影響／再評価される独立運動の闘士たち／ヨガ、民主主義、そして「バーラト」——再評価される伝統／現代に直結する神話——叙事詩『ラーマーヤナ』と『マハーバーラタ』

コラム③ 世界を席巻する理系人材の宝庫とは？——『きっと、うまくいく』と『きっと、またあえる』

第4章 それでもガンディーは偉大だった 133

「国父」ガンディーはなぜ登場しなかったのか？／映画『ガンジー』で蘇った「マハートマ」／ガンディー・ビフォー・マハートマ／転機となった南アでの経験／「塩の行進」のインパクト／ネルーの「完全独立」要求とイギリスの懐柔策／ガンディーが「生涯説得できなかった」人物／「不可触民」をめぐるアンベードカルとの見解の相違／「独立」をめぐる最後の攻防／国旗なき掲揚台

コラム④　宗教対立を乗り越えることはできるか――『バジュランギおじさんと、小さな迷子』と『PK』

第5章　日本はインド独立運動をどう描いたか？　173

独立運動の拠点だった日本／日本人がインド革命家に扮した『進め独立旗』／日本軍が目論んだインド国民軍宣伝映画／インド国民軍やボースが登場する日本映画／国際制作ドラマ『東京裁判』で描かれたパル判事

コラム⑤　インド版「親ガチャ」の突破方法――『スーパー30』と『ヒンディー・ミディアム』

終章　映画が描き出すインドの過去と現在、そして未来　203

独立を実現したインド人の「力」／『RRR2』ができたらどうなるか？／歴史映画が映し出す現代の空気／今後のインド歴史映画への期待

エンドロール・コラム　ハイデラバードで映画と独立運動に思いを馳せる

あとがきと謝辞　226

情報源についての解説　239

インドの各州とおもな都市

序章　『RRR』をご存じか？

「『ナートゥ』をご存じか？」

インド映画『RRR』の中でもっとも印象的な台詞は何かと聞かれたら、これを措いて他にはないだろう。

時は一九二〇年、舞台はイギリス植民地統治下のインド・デリー。主人公のビームは、英国人総督夫妻に連れ去られた村の娘を救出するためデリーに潜伏していたが、あるきっかけで英国人女性のジェニーと知り合い、一目惚れする。そのジェニーからダンスパーティーに招待され、もうひとりの主人公で兄貴と慕うラーマを伴い、洋服に着替えて会場に赴く。初めての西洋式ダンスに戸惑いながらもジェニーにリードされて踊るビームだったが、それを快く思わない英国人男性、ジェイクに足を引っかけられて転んでしまう。会場が静まる中、ジェイクは西洋式の踊りを見せつけ、こんなことがインド人にできるかと言い放つ。

そのときだ。後方にいたバンドの中から、派手なドラムの音が鳴った。ラーマである。彼はステージに向かい、ジェイクにこう言い返すのだ。「サルサでもない、フラメンコでもない、『ナートゥ』をご存じか？」

そこから数分間にわたって繰り広げられる、キレ味抜群のインド式ダンス「ナートゥ」は圧巻の一言だ。踊るビームとラーマにジェイクは「出て行け！」と言うが、ジェニーはじめ白人女性たちは「どうぞ！」と逆に「ナートゥ」を続けるよう二人に促す。ダンスが再開されると、ビームとラーマに負けてなるものかとジェイクら白人男性たちが加わるが、激しいステップについていくことができず、次々と脱落していく。そして最後にはビームが勝ち残り、歓喜に包まれる――。

このシーンの劇中歌「ナートゥ・ナートゥ」は二〇二三年三月に発表されたアメリカのアカデミー賞で歌曲賞を受賞しており、インドだけでなく世界中に絶大なインパクトを及ぼしたことがわかる。ＹｏｕＴｕｂｅの公式動画では、再生回数が一億八〇〇〇万回（二〇二三年一二月時点）というとてつもないレベルに達しているし、ファンが踊った様子を投稿した動画も無数にある。

筆者も『ＲＲＲ』を何度となく見てきたが、その度にこのシーンでは気分が大いに高揚したものだった。だが、このシーンは単なる「派手なインド式ダンス」の披露に留まるものではないとも感じていた。これは、イギリスに代表される西洋に対するインドの異議申立てではないか、と。自分たちのスタイルの正当性と優位性を疑わず、それを押しつけてくる相手に対し、インド独自の手法で真っ向から立ち向かうさまは、一九二〇年だけでなく百年後の二〇二〇年代においても通じるところがあるのではないかと思ったのだ。「ナートゥ」のシーンでは、最初戸惑い気味に、あるいは斜に構えて眺めていた白人が、しだいに激しいダンスにのみ込まれるように加わっていく。これは「台頭著しい」と言われる現代インドへのアナロジー、あるいはインド人の自信の表れであるかのようにも映る。この作品を製作したＳ・Ｓ・ラージャマウリ監督が実際にこのような現代的な意味合いまで意識していたかはわからない。だが、『ＲＲＲ』が公開され、本国のみならず日本やアメリカなど多くの国で大ヒットした二〇二二年から翌二三年にかけての時期は、かつてないほどインドが世界から注目を集めた時期でもあった。Ｇ20の開催を通じた国際的なリーダーシップの発揮、相次ぐ外資の大型投資案件、ＩＴ分野をはじめとするグローバル人材の輩出、無人探査機の月面着陸――。かつて「貧困」や「後進性」、「停滞」で語られがちだったインドは、いまや米中に次ぐ「第三の大国」にならんとしている。インドが世界に目を向け、世界もまたインドに熱い視線を注いでいるのだ。

　同時に『ＲＲＲ』はインドの近現代史、とりわけ反植民地闘争史を理解する上でもきわめて興味深い作品と言える。もちろんこの映画はフィクションである。第1章で詳述するように、「悪役」として描かれる英国人総督夫妻は架空の人物だ。ラーマとビームはいずれも実在のインド人民族運動指導者がモデルになっているが、史実では二人が出会ったことは確認されていないし、両者ともデリーに出てきて活動を展開した形跡もない。一九二〇年前後に大規模な武力闘争が行われたというわけでもない。『RRR』で描かれた内容が当時のインドを忠実に再現したものではないことは、大前提として踏まえておく必要がある。

しかしその一方で、この作品には多くの史実が織り込まれてもいる。映画は冒頭で、拘束されたインド人指導者の解放を求めて民衆が大挙して郊外の警察署に押しかけ、それを植民地警察側のラーマがひとりで撃退するというシーンで幕を開ける。この指導者は、インド民族運動の中で重要な役割を担ったひとりで、実際に当局に拘束されたことがある。イギリスが植民地インドに対する締め付けを強化したのもこの時期だった。一九一二年には、日本とも深いつながりを持つことになる、あるインド人革命家がデリーで英国人総督を暗殺しようとする事件も起きた。作中でラーマとビームが繰り広げた戦いは、インド人の怒りを結晶化させたものと言える。

『RRR』の楽しみ方はいくつもあるが、インド近現代史という観点からすれば、作中での描かれ方と史実を比較することにあるのではないかと筆者は考えている。ここが違う、あれは実際にはこうだとあげつらうのではない。作品で取り上げられた人物やエピソードを入口にして、当時のインドで起きていた反植民地闘争の実態に迫るということである。『RRR』を見ていて思うのは、シーン毎に歴史や社会、文化の面で重要な意味が込められているという点だ。何気ない背景やアイテムからも、さまざまな情報を読み取ることができるのである。物語の序盤で、ラーマとビームが川の上で火に囲まれた少年を奇想天外なアクションで助け出すシーンがある。そのときに彼らが持っていた三色旗、あれは独立前のインドで考案された民族旗のひとつなのだ（ただし、若干のアレンジは入っている）。

　同時に、『RRR』で描かれなかった側面についても考える必要がある。この頃、インドの近現代史のみならず世界史レベルでも巨大なインパクトを残す指導者が斬新な活動を展開していた——マハートマ・ガンディーである。一九一五年に南アフリカからインドに帰国したガンディーは、「非暴力」という当時は他に誰も考えなかった手法で、イギリスに戦いを挑んでいた。ガンディー、そして彼が率いていたインド国民会議のもとで、インドの民衆は苛烈な植民地統治に異議申立てを行っていたのである。

　ところが、『RRR』にはガンディーはまったく登場しない。エンドロールで「八人の革命家・指導者」の肖像が次々と登場する。この人選が作品の隠れた見どころだと筆者は思っているが、そこにもガンディーは含まれていない。ストーリーを考えれば「非暴力」のガンディーを入れ込むのは流れに水を差すことになるという判断があったのかもしれない（ガンディーを軽視しているわけではないことは、ラージャマウリ監督がインタビューで語っている）。それはそれでひとつの考え方として受け止めるべきだろう。ただ同時に、インドの民族運動の全体像を知っておくことも必要であり、そうすることで『ＲＲＲ』の世界をより深く理解できるのではないだろうか。

もうひとつ重要なのは、『ＲＲＲ』で描かれた時代の「前」と「後」だ。当時イギリス植民地政府がインドを統治していたわけだが、そもそもそれはいつから、どうやって始まったのか。一九二〇年以前に、反植民地の武装闘争はなかったのか。インドは一九四七年に悲願の独立を達成するが、そこまでの道のりはどのようなものだったのか。その間に起きた第二次世界大戦はインドにいかなる影響を及ぼしたのか。

こうした「『ＲＲＲ』以外のインド」についても実は豊富な映画作品があり、日本公開されたものやＤＶＤあるいは配信で視聴可能なものも少なくない。たとえば、「インドのジャンヌ・ダルク」と呼ばれ、一八五七年に起きたインド大反乱の頃にイギリス植民地政府に対して武装蜂起した王妃ラクシュミー・バーイーの生涯は、何度も映画化やドラマ化されている。一九四七年のインド独立をめぐる大混乱をテーマにした作品もある。イギリスがインドから撤退することが確実になったとき、もうひとつ大きな問題があった。ムスリムがインドとは別に独立国家を要求していたのである。この結果、ヒンドゥー教徒が多い「インド」とムスリムが多い「パキスタン」という二つの国が英領インドから分離するかたちで誕生することになった。これに伴い大規模な民族移動が起き、未曾有の大混乱がもたらされた。これもまた、映画や文学作品で取り上げられてきたテーマだ。

さらに、インド独立運動に日本が大きく関わっていたことも重要なポイントだ。戦前の日本国内での活動や戦時中のインド国民軍（ＩＮＡ）への支援は知られているが、実は映像面でも注目すべきものがある。そのすべてが作品として完成したわけではないが、その試みを通じて日本はどのような意図を持っていたのか、何が伝えられたかを検証する作業はこれまでほとんど行われてこなかった。

映画に限ったことではないが、作品が対象とする時代だけでなく、それが製作された時点での背景を理解することも重要になってくる。『ＲＲＲ』について言えば、インドが急速な成長を遂げ、政府や国民が自信をつけ、対外的な主張を強めている二〇一〇年代後半から二〇年代という時代と無縁ではないだろう。では、インドの政治や社会、宗教で何が起きているのか。それは一昔前のインドと何が違い、これからどのように変わっていくのか。

本書は、こうした激動のインド近現代史に対して、『RRR』をはじめとする映画を通じてアプローチする試みだ。歴史のすべてを映画で説明できるわけではないし、事実をもとにした作品でもフィクションが織り込まれていることは少なくない。それでも、映像がもたらすインパクトはきわめて大きいことを『RRR』の大ヒットは証明している。映画で取り上げられた人物や事件、出来事を説明することで、インドの近現代史に対する関心が深まり、解像度が高くなるはずだと筆者は確信している。なお、取り上げる作品はインド映画が主体だが、イギリスや日本など他国で製作されたものにも適宜触れていく。

第1章　「非・非暴力」の反英植民地闘争

超悪役ぶりを発揮した『ＲＲＲ』の英国人総督夫妻

　インドの森林で、高貴な雰囲気の白人女性が椅子に腰掛け、手を差し出して部族民の少女に絵を描かせている。マッリという名のその少女は軽やかな声で歌をうたいながら、クジャクの羽で美しい模様を描いていく。出来映えに満足した白人女性は従者に命じて、コインを二枚与える。マッリの母親がそれを受け取ると、白人女性ら一行はマッリを車に乗せて連れて行こうとする。そこで村人たちは気づく。あのコインは絵を描いたことへの報酬ではない、連れ去られていくマッリの対価なのだ、と。母親は走り去ろうとする車に必死でしがみつき、娘を助け出そうとする。そんな母親を軍服姿の従者が銃で撃とうとするが、そこでカーキ色の制服に身を包み、大柄で口ひげをたくわえた白人男性にとがめられる。

「きみはその銃弾の価値をわかっているのか？」。部族民を始末するのにイギリスで造られ、インドまで運ばれてきた高価な銃弾を使う必要などない、というわけだ。そこで従者は道端の木を拾い、母親の頭を殴打する。目を見開いたまま、血を流し倒れる母親。何事もなかったかのように立ち去る車の中には、あまりに突然のことに、呆然とするマッリの姿があった――。

『RRR』はこんな残酷なシーンで幕を開ける。この白人男性はインド総督を務めるイギリス人のスコット・バクストン総督、女性はその夫人キャサリンだ。作中では大半のイギリス人がインド人を見下し、虐げる存在として描かれているが、総督夫妻の「悪役度」は群を抜いている。このあと、物語の中盤では総督夫妻がビームとラーマに対しこれでもかと過酷な拷問を指示していく。ビームを公開鞭打ちにするシーンでは、キャサリン夫人が執行役のラーマのやり方が手ぬるいとして、「血しぶきが見えない！」と言い放ち、鋭利なトゲが無数に付いた長い鞭を上から投げる場面もあったほどだ。

　このバクストン総督だが、実在の人物ではない。歴代インド総督を見ても、似た名前も見つからない。だが、物語が一九二〇年に設定されていることを考えると、当時の過酷な植民地統治を体現する存在としてバクストン総督夫妻が位置づけられていると言える。

　では、そうした植民地統治はどうやって築かれてきたのか。ここで、イギリスのインド支配の流れを整理しておこう。

　大航海時代の中でインドの価値がヨーロッパに伝わっていくと、現地に進出して交易を行おうとする動きがはじまった。その中で最大勢力に躍り出たのがイギリスだった。進出を担ったのは東インド会社で、一七五七年のプラッシーの戦いでフランス東インド会社とベンガル太守軍に勝利し、優位な立場を確保した。これ以降、イギリス東インド会社はベンガル地方の徴税権を獲得し、単なる貿易会社にとどまらない、事実上のインド支配組織へと拡大を遂げていく。

プラッシーの戦いからちょうど一〇〇年後の一八五七年、イギリスのインド支配に対する武力蜂起が起きた。日本ではアメリカからペリー提督率いる「黒船」が来航し、開国を迫られていた幕末期のことである。五月、インド北部の街メーラトで「シパーヒー（セポイ）」と呼ばれるインド人傭兵が反乱を起こし、またたく間に各地に広がっていった。反乱軍は実権を奪われていたムガル帝国皇帝のバハードゥル・シャー二世を戴き、北インドを中心に勢力を拡大していった。しかし、東インド会社軍の強力な反撃に遭い、一八五八年半ばまでに鎮圧された。なお、この反乱はかつて「セポイの乱」と呼ばれていたが、現在では「インド大反乱」という呼称が一般的で、「第一次インド独立戦争」と位置づける見方もある。

反乱鎮圧後、イギリスは東インド会社によるそれまでの統治体制を改め、直接統治に切り替えた。英領インドの成立である。一八七七年には「インド帝国」を創設し、イギリス国王（当時はヴィクトリア女王）が皇帝を兼任するかたちが取られた。インド統治の最高責任者は東インド会社時代からインド総督（一八三三年まではベンガル総督）だったが、インド帝国発足により「副王（Viceroy）兼総督」となった。一方、本国でも組織の改編が行われた。反乱までは「インド庁」だったのが、直接統治化を機に「インド省」に格上げされ、専任の大臣が置かれることとなった。

ではインド統治において、インド総督とインド大臣のどちらが大きな影響力を持っていたのか。一概に言いにくいのだが、総督が官僚タイプのときは本国の指令に忠実で、政治家タイプのときは独自にリーダーシップを発揮するという傾向があったようだ。一八九九年から七年近くにわたり総督を務めたカーゾン卿は保守党所属の庶民院（下院）議員を務めた政治家で、総督退任後は本国で貴族院（上院）議員となり、首相候補に取り沙汰されたこともあるほどの大物だった。カーゾン総督は、ロシアの南下を念頭に英領インドで辺境地域の統治強化を進めたほか、タージ・マハルをはじめ文化財保護にも熱心だった反面、数百万人規模の死者を出すに至った飢饉への対策が十分ではなかったことで批判の対象にもなっている。

インド総督暗殺を企てた「中村屋のボース」

いかなる人物が総督であるかにかかわらず、支配される側のインド人からすれば総督はイギリスによる統治の象徴であることに変わりはなかった。中には反英の思いをたぎらせ、実力行使に出る者もいた。

一九一二年一二月のことだ。時のインド総督、ハーディング卿はインドの自治権拡大を本国に進言するなど、インド人に対して比較的融和的な姿勢で、マハートマ・ガンディーに敬意を抱いていることでも知られていた。それまで英領インドの首都はカルカッタ（現コルカタ）に置かれていたが、ハーディング総督の下でデリーへの遷都が実施された。遷都の式典で移動中のハーディング総督に爆弾が投げつけられた。一命は取り留めたものの、総督は片脚を失い、鼓膜が破れるなどの大怪我を負った。実行犯とは別に首謀者のグループがあり、中心人物のひとりにラーシュ・ビハーリー・ボースという人物がいた。

一八八六年生まれでベンガル地方出身のボースは、このときデヘラドゥーンの森林研究所に事務職員として勤務していた。イギリス統治下のインドで、体制側の人間だったのである。だがそれは表の顔にすぎず、本心は植民地政府打倒に燃えていたのだった。ボースはさらに、インド北西部の主要都市ラホール（現在はパキスタン内）で蜂起を企ててもいた。しかし植民地当局から総督暗殺未遂事件の首謀者として追われる身になり、これ以上国内に留まるのは危険と判断した。

そこでボースが目指したのが日本だった。一九一五年にインドを脱出し、船で日本へと向かう。しかし当時の日本はイギリスと同盟を結んでいた。ボース来日の情報をつかんだイギリス大使館の要請を受けて日本は国外退去命令を発し、警察当局が動き出した。そこでボースに助けの手を差し伸べたのが、政治結社「玄洋社」の首領・頭山満だった。彼の斡旋で、ボースは新宿でパンや和菓子・洋菓子を製造販売する「中村屋」を営んでいた相馬愛蔵・黒光夫妻が匿《かくま》うことになり、中村屋の洋館でほとぼりが冷めるまで過ごした。

その後、ボースに対する国外退去命令は撤回されたものの、イギリス側が独自に追及をつづけたため、約四年間にも及ぶ逃亡生活を余儀なくされた。この間、ボースは潜伏中に世話をしてくれた相馬

献身的にボースを支えた俊子との物語は「恋と革命のインドカリーの日」にその名を残す ©(株)中村屋

夫妻の長女・俊子と愛を育み、一九一八年に結婚した。二七年に中村屋が喫茶部（レストラン）を開設したときには、それまでイギリス経由で入ってきた日本のカレーに不満を抱いていたボースはインドのカレーを提案した。この「純インド式カリー」はすぐに看板メニューとなり、高めの値段設定ながら多くの客が注文したという。こうした経緯からこのチキンカリーは「恋と革命の味」と呼ばれ、ボースは「中村屋のボース」として知られるようになった。

一九四一年一二月に日本がアメリカとイギリスに対して宣戦布告し、太平洋のみならずアジアでも開戦すると、インド解放運動の支援にも乗り出すようになった。日本でインド独立運動を展開していたボースは、これを祖国解放を実現する絶好のチャンスと捉えた。日本軍とも良好な関係を築いていたボースは、タイやマレー半島、シンガポールなど南方で活動していたインド人指導者を糾合して結成された「インド独立連盟」の総裁に就任した。同連盟はのちに、日本軍に投降した英領インド軍（英印軍）将兵の中から希望者を募って創設した「インド国民軍」も傘下においた。しかし、インド人指導者間の対立やインド国民軍をめぐる混乱でボースは体調を崩し、一九四三年には「もうひとりのボース」に後事を託すことになる。その後ボースは日本国内で療養していたが病状は悪化し、一九四五年一月に死去する。インドが独立するのはそれから二年半後のことである。

インド、一九二〇年――強権的な統治が頂点に

時代を『RRR』の物語が展開される一九二〇年に戻そう。少女マッリが拉致されるシーンの後、舞台は荒涼とした大地に切り替わる。場所はデリーであることが字幕で示される。デリーといっても周りには何もなく、完全な郊外だ。鉄条網で囲まれ、平屋建ての警察署がぽつんと立っている。そこに何千、いや何万に上ろうかという数の民衆が詰めかけている。彼らが叫ぶ要求はこうだった――「ラーラー・ラージパト・ラーイを釈放せよ！」。

当時、イギリスによるインド支配は苛烈をきわめていた。ハーディング卿の後を継いだ総督チェルムスフォード卿の下で、強圧的な政策が実施に移されていたのである。一九一四年に始まった第一次世界大戦で、イギリスはインドに対し、戦後に自治権を付与するとして協力を要請した。マハートマ・ガンディーも含めインド側指導者はこれを信じてイギリスへの協力を表明したが、ひとたび戦争が終わるとその約束は反故《ほご》にされた。インド兵を動員して戦局を優位に運ぶための――実際にイギリス軍にとっては貴重な存在だった

――口約束にすぎなかったのである。

この対応にインド側の指導者は猛反発し、デリーやカルカッタで抗議活動が展開された。インドの民族運動（当時はまだ完全独立が明確な目標になっていなかったので、「独立運動」ではなくこの表記とする）を主導していたのが、「インド国民会議」（Indian National Congress、「国民会議派」とも呼ばれる。インドで「コングレス」と言えば、この組織のことを指す）だった。一八八五年に創設されてからしばらくは穏健な主張にとどまり、植民地政府からすればインド人にガス抜きをさせることができる都合の良い組織だったが、しだいに民族的な主張を強めていった。ただ、反英一辺倒かというと必ずしもそうではなく、先述のようにイギリスの戦争を支持したこともあった。しかし自治実現が遠のく中で、国民会議の指導者は不満を募らせていった。

これに対し、イギリス側は手を緩めるどころか、逆により厳しい姿勢で臨んでいくことになる。一九一八年のことだ。インド人を令状なしに逮捕し、裁判を経ずに投獄し、裁判を行う場合でも陪審員を入れないことを可能にする法案が植民地政府によって発表された。法的手続きが不要となれば、イギリス当局による恣意的な拘束や投獄が常態化しかねない。当然ながらインド人側は猛反発した。しかし植民地政府は聞く耳を持たず、法案をインドの議会（帝国立法評議会）に提出し、一九一九年三月一八日に可決された。なお、この法律の正式名称は「刑事法緊急権限法」だが、法案を作成するために本国から調査団を率いてインドに来たシドニー・ローラットにちなみ、「ローラット法」と呼ばれるのが一般的だ。

ローラット法成立後もインド人の反発はやまなかった。マハートマ・ガンディーは「非協力運動」を展開し、四月六日には民衆が「ハルタール」と呼ばれるストを決行した。後にパキスタンを建国する全インド・ムスリム連盟のムハンマド・アリー・ジンナーは抗議のため立法評議会議員を辞職した。こうしたなか、四月一三日にパンジャーブ州アムリトサルで惨劇が起きる。市内のジャリアンワーラー・バーグという公園で、ローラット法への抗議と同法にもとづき逮捕された国民会議のメンバー二人の釈放を求める集会が開かれていた。そこに英領インド軍の部隊が現れて入口を封鎖し、平和的に集会を行っていた参加者に向けて無差別発砲を開始した。参加者数が六〇〇〇人から最大二万人と幅があるだけに、犠牲者についても確定した数字はない。ただ、最低でも数百人単位で死者が発生したことは間違いなく、イギリスの苛烈なインド支配を象徴する事件となっている。

なお、ローラット法はさすがに抑圧的すぎる内容だったため、一九二二年三月に他の二二本の法律とともに廃止された。だが、法律がなくなったからといって事件への恨みが簡単に消えたわけではなかった。このときパンジャーブ州の責任者として戒厳令を布《し》いたマイケル・オドワイアー副知事は、事件から二一年後の一九四〇年にロンドンで暗殺された。彼の身体に二発の銃弾を撃ち込んだのは、ウダム・シンというインド人。ジャリアンワーラー・バーグの生き残りだった。

『ＲＲＲ』で名前が出てくるラーラー・ラージパト・ラーイも、インド国民会議の有力指導者のひとりだった。彼はパンジャーブ出身のシーク教徒で、弁護士やジャーナリストを経て政治の世界に身を投じた。一九一六年から一九年にかけてはアメリカに滞在し、連邦議会でインドの自治実現に向けた働きかけを行う活動を展開した。帰国後はインド国民会議の活動を再開したが、一九二一年に当局に逮捕され、二三年まで獄中で過ごすことになった。時期には一年ずれがあるが、『ＲＲＲ』の冒頭で民衆が釈放を要求していたシーンは実際の出来事にもとづいていたと言える。

ラーマの昇進を阻んだ構造とは

大挙して押し寄せてきた群衆によって警察署は制圧されかねない。焦るイギリス人署長に、植民地警察の制服に身を包み、制帽を被ったインド人警官が名乗り出る。これがラーマだ。ラーマは一度は押さえ込まれそうになるものの、すさまじい破壊力で群衆をなぎ倒していき、押し寄せた男たちは四散していく（ところで、このときの群衆側のリーダー的存在で、ラーマに徹底的に殴打されるのは頭にターバンを巻いたシーク教徒の男性だった。釈放要求の対象だったラーラー・ラージパト・ラーイがシーク教徒だからというのも一因だろうが、殴打される男性をインドで多数派のヒンドゥー教徒にしなかったのは、製作側に配慮があったのではないかと思われる）。

　ラーマはこの功績によって「特別捜査官《スペシャル・オフィサー》」になれるはずだと期待するが、昇任発表式の場で名前が呼ばれたのはイギリス人ばかりだった。憤懣《ふんまん》やるかたない気持ちを抱えたラーマは自宅に帰り、パンチングボールやサンドバッグに拳を打ちつけて怒りをぶちまける――。

　この不条理は、軍や警察、政府といった植民地当局にかかわっていたインド人の多くが抱いていた感情だったにちがいない。能力だけならイギリス人と変わらない、あるいは彼らをしのぐことだって当然のようにある。にもかかわらず、昇進や待遇に大きな差がつけられてしまう。

イギリスがインドを統治するといっても、広大な国土の隅々や組織の末端にまで自国の人間を派遣するわけにもいかない。英領インド軍の場合、兵はインド人で、将校は大半がイギリス人という構成だった。インド人にも将校の道が開かれていたものの、狭き門だった。運良く将校になれたとしても、さらなる差別があった。イギリス人将校とは待遇が違ったのである。一九四二年に日本軍がマレー半島で投降した英領インド軍将兵を母体に「インド国民軍」を立ち上げた際、インド人将校が驚いたのは、藤原岩市少佐はじめ日本軍将校が自分たちと一緒に食事をしてくれたことだったという。インド人とイギリス人が「同じ釜の飯を食う」ことなど考えられなかったのである。

警察官は一九二〇年時点で、インド全土に三二万人いたとされる。『RRR』では幹部職ではない警察官にインド人だけでなくイギリス人もいたが、実際には大半がインド人で占められていた。警察のように地元の事情に通じていることが求められる組織では、インド人警察官の存在は不可欠だった。他方で、いつか叛旗を翻そうとする者が現実にいても不思議ではない。インド人警察官の昇進を阻んでいたのは、イギリス側の猜疑心だったのだろう。

幕藩体制にも似たイギリスのインド統治

　再び劇中に戻る。少女マッリが奪われた一件は、上のレベルにまで伝わったようだった。西洋式建物の室内で、蝶ネクタイを締めたイギリス人とインド式の詰め襟タイプのスーツを着た男性が机をはさんで話をするシーンがある。このイギリス人は、スコット総督側近のエドワードだ。総督夫妻が本国に戻っているため、代理で応対している。インド人のほうは、森の民は獲物を仕留めるまでけっしてあきらめない、マッリを解放するのが得策であると進言するが、エドワードは一笑に付し、聞く耳を持たない。

　このインド人はいったい何者なのか。会話の中で、「ニザーム」という言葉が出てきたのを覚えている読者もいるだろう。これがキーワードになる。

　ニザームとはもともと、一八世紀前半にムガル帝国の皇帝から武将カマルッディン・カーンに与えられた称号のひとつで、「統治者」を意味する。カーンは現在のインド南部、ハイデラバードを中心とする地域を統治する王国を築き上げ、「ニザーム王国」と呼ばれるようになった（「ハイデラバード王国」ともいう）。こうした王国はインド各地にあったが、イギリス東インド会社と軍事保護条約を結び、外交や防衛をイギリス側に委《ゆだ》ねる一方で域内の自治が許された。これを「藩王国《プリンスリー・ステイト》」と呼ぶ。ニザーム王国の場合は、一七九八年に条約を結び、「ニザーム藩王国（ハイデラバード藩王国）」となった。

　こうした藩王国の数はインドで六〇〇にも上った。面積や人口はまちまちだが、最大の藩王国だったのがニザームだ。領域は現在のテランガーナ州を中心に、アーンドラ・プラデーシュ州やカルナータカ州の一部をカバーしていた。この中にマッリやビームの村も含まれていたため、藩王国の宰相が事態を穏便に処理しようと、デリーまで赴いたのである。

　イギリス（一八五八年までは東インド会社、それ以降は英領インド）と藩王国の関係は、日本の江戸時代をイメージするとわかりやすいかもしれない。江戸幕府は天領と呼ばれた直轄領を持っていたが、日本各地に三〇〇もの藩が存在し、幕府の権威と支配を受け入れる「幕藩体制」が形成されていた。ここでの藩も、仙台藩や長州藩、薩摩藩をはじめとする雄藩があった一方で、小規模な藩も少なくなかった。つまり、インドでは「イギリス幕府」がデリーやボンベイ（現ムンバイ）、カルカッタをはじめとする都市を中心に支配を広げていたが、広大な国土をすべて直接統治するわけにはいかず、直轄領は連合州（現在のウッタル・プラデーシュ州、ウッタラカンド州）やベンガル州（現在の西ベンガル州、バングラデシュなど）、アッサム州などにとどまっていた。それ以外の土地では、各地の藩王国を存続させていたのである。ニザーム藩王国の宰相がエドワードに話をしに行ったシーンは、さしずめ雄藩の家老が将軍不在のため側用人に用件を伝えるようなものと言えるだろう。

なお、一九四七年にイギリスが撤退し、インドとパキスタンが分離独立すると、各地の藩王国はいずれかに帰属することを決めたが、三つの藩王国は態度を決めかねていた。ジャンムー・カシミール藩王国、ジュナーガル藩王国、そしてニザーム藩王国である。このうち、ジャンムー・カシミール藩王国はヒンドゥー教徒の藩王がインド帰属を決めたものの、住民の大半がムスリムで、そこにパキスタンから民兵がなだれ込んできたことで第一次印パ戦争が勃発した。

一方、ニザーム藩王国の場合は藩王はムスリムだったが人口はヒンドゥー教徒が多く、地理的に西パキスタンからも東パキスタン（現在のバングラデシュ）からも離れていた。そのためパキスタン帰属は現実的ではなく、独立を宣言した上でインドとは現状維持の協定を結んだ。しかし、インドとしては自国南部に広大な面積を占める領域が別の国のままという状態を放置するわけにはいかず、一九四八年に軍を投入した。五日間にわたる戦闘の結果、ニザーム藩王国は降伏し、インドに吸収されたのである。

実在の部族指導者をモデルとしたラーマ（右）とビーム。劇中では友情を育みながらも、対立する立場と各々の真の目的が明かされていく

実在したラーマとビーム

ここでいよいよ、『ＲＲＲ』の主人公であるラーマとビームに焦点を当てることにしよう。序章でも触れたように、この二人はいずれも実在の人物である。アッルーリ・シータラーマ・ラージュとコムラム・ビームだ。二人とも一九〇〇年前後にインド南部で生まれ、それぞれ武装蜂起を展開するのだが、指導者になる前についてはよくわかっていない時期もある。『ＲＲＲ』は、世に名を知られる前のラーマとビームがもしデリーで出会っていたら……という想像を基にしているのだろう。では、実際の彼らはどのような家やコミュニティに生まれ、どのような活動をしていたのか。

ラーマの生年は一八九七年説と九八年説がある。出生地も諸説あるが、イギリスが直接統治するマドラス管区内であることは確かだ。テルグ語圏で、今日ではアーンドラ・プラデーシュ州に属する。『RRR』ではラーマの故郷は川に面しており、舟で旅発つシーンが描かれていた。「ゴーダヴァリに誓って」というラーマの台詞があったように、この川はマハーラーシュトラ州を水源とし、テランガーナ州を経てアーンドラ・プラデーシュ州北部の海岸に注ぎ込むゴーダヴァリ川だろう。ラーマの出生地ではないかとされる複数の場所も、流域に近いエリアにある。

　ラージュ家はヒンドゥー教徒で、カーストとしては王族・武人階級であるクシャトリアに属していた。『RRR』では、父のヴェンカタ・ラーマ・ラージュは村の指導者になり、攻め寄せるイギリスの治安部隊に身体を張って抗う姿が印象的だった。現実のヴェンカタは写真家だったとされ、印象はかなり異なるが、自由な精神の持ち主だったようだ。ラーマが八歳のときに死去したとされる。

　ラーマはカレッジにも通ったが、卒業することはなかったようだ。と言っても学問が苦手だったわけではなく、テルグ語のほかにヒンディー語や英語を習得したほか、占星術や伝統医学、馬術などを学んだという。この頃、友人の妹でシータという女性に惹かれるが、シータは亡くなってしまう。ラーマは名を「シータラーマ」とすることで、彼女を記憶に留めることにしたという。

ラーマは一八歳のとき、精神修養のための放浪生活を始め、インド各地を訪ねてまわった。イギリスの植民地支配の現実を目の当たりにさせられるなかで、彼が特に関心を抱いたのが森に住む部族民の状況だった。「アディヴァーシー」と呼ばれる部族民をめぐっては、当時重大な変化が生じていた。彼らは「ポドゥ」と呼ばれる一種の焼き畑農業を生業としていたが、「一八八二年マドラス森林法」によってそれが違法になり、住民の移動も禁止されてしまったのである。自分たちの伝統を否定された彼らは、生活の糧《かて》を得るべく道路建設などの作業に従事したが、マドラス管区の役人や管理者から差別的な待遇を受けることも少なくなかった。

　こうしたなか、アディヴァーシーのひとつであるコヤ族が不満を募らせていた。彼らの間では、悪者に弓矢を浴びせ、弾丸をもはね返す超人的な能力を持つ人間が近くにいるといううわさが広まっており、指導者に迎えようという気運が高まっていた。それがラーマだった。彼は要請に応え、約五〇〇人のコヤ族を率いて一九二二年八月下旬に警察署への襲撃を決行した。ここで彼らは大量の銃や銃弾を確保することに成功した。「ランパ蜂起」と呼ばれる反乱の幕開けである（同様の蜂起は一八七九年にもあった）。

　その後もラーマたちの軍勢は地形を活かし、ゲリラ戦を展開しながら勢力を拡大していった。しかし同時に内通者も出るなどし、形勢は不利な方向に傾いていく。蜂起開始から一年八カ月余りしてラーマは植民地政府の治安部隊によって拘束され、一九二四年五月七日に銃殺刑に処せられた。なお、ランパ蜂起が起きた地域は二〇二二年四月、行政区画を整理して「アッルーリ・シータラーマ・ラージュ県」となっている。

ゴンド族の指導者、コムラム・ビーム

ラーマがイギリス植民地政府と戦ったのに対し、コムラム・ビームの場合は相手が違った。アディヴァーシーの中でも最大の人口規模を持つゴンド族という集団がある（二〇一一年の国勢調査では一三〇〇万人）。彼らの居住地域はインド中部で、アシファバード・サンケパリというビームの村は当時のニザーム藩王国の中にあった。ビームのほうも一九〇〇年生まれ説と〇一年生まれ説がある。森の中で育ったこともあり、学校教育は受けなかった。成長したビームは村を離れ、他の土地で農業に従事したり都市部では印刷業者の下で働いたりした。この間に、ヒンディー語や英語を習得したとされる。その後、ビームはアッサム州の茶園で約四年半にわたり働いた。だが、そこで労働組合活動に熱中したため当局から目をつけられ、逮捕されてしまう。

しかしビームは脱獄に成功し、ニザーム藩王国に戻った。そこでゴンド族の利益のために活動することを決意する。ゴンド族もポドゥを生業としていたが、ここでも藩王国による搾取が厳しさを増していたためだ。ポドゥによる農産物には税が課されたり、開墾した土地から退去を命じられたりすることもあった。ビームは当初、藩王国側に自分たちの窮状を訴えて対処を求めるが、納得のいく回答は得られなかった。業を煮やしたゴンド族は、一九二八年に蜂起を開始する。ゴンド族による森林の自治、森林管理官やザミンダール（地主）の退去、ゴンド族収監者の釈放が彼らの要求だった。しかし、藩王国側はこれを受け入れず、一〇年以上にわたり両者の間で戦闘が繰り広げられた。ビームは各地を転々としながら戦いを続けたが、一九四〇年に仲間とともに発見され、警官によって殺害された（四月説と一〇月説がある）。

　闘争の中でビームは、「ジャル、ジャンガル、ザミーン（Jal, Jangal, Zameen）」というスローガンを掲げていた。「水、森、大地」を意味し、まさに森の民であるゴンド族にとって生活の基盤をなす要素だった。『ＲＲＲ』を最後まで見た読者の中には、このスローガンが物語の最後に出てくるのを覚えている方もいるのではないだろうか。故郷に帰還したラーマがビームに対し、何か欲しいものはあるかと尋ね、ビームが「読み書きを」と答えるシーンのときだ。それを受けてラーマは矢尻で指の腹を傷つけ、血を用いて白旗にデーヴァナーガリー（北インド諸語の表記に用いられる文字）で三つの言葉を記した。それが「水、森、大地」だったのである。

　繰り返しになるが、史実ではラーマとビームが会ったことは確認されていない。だが、もし二人が出会っていて、ビームがラーマから読み書きを教えてもらい、自らのスローガンを文字にすることができたとしたら……と空想してみたい気持ちになる。

「旗」に秘められた意味

　旗と言えば、『ＲＲＲ』の中で重要な意味を持っているものがもう一本ある。

　作品序盤でラーマとビームが初めて出会うときのシーンだ。鉄橋を渡っていた列車が事故を起こして炎上し、川に落ちてしまう。ちょうどそのとき、川面にはビームに頼まれて新鮮な魚を捕まえようと小さな丸い舟に乗っていた少年がおり、またたく間に火に取り囲まれてしまった。そこに居合わせたラーマがビームに身ぶり手ぶりでアクロバティックな方法を説明して、馬とバイクで橋から飛び降り、少年を見事救出する。「ナートゥ・ナートゥ」と並んで『ＲＲＲ』を象徴する曲「ドスティ（友情）」が流れるのはこのときだ。

橋から飛び降りロープを振り子のように使って少年を救った主人公2人の出会いの場面。旗と少年を互いに受け渡したのも暗示的だ

一本のロープで支えられながら空中で腕をつかみ合う。二人の友情はここから始まった――。

このときラーマとビームが大きな旗を持っていたのを覚えている方も多いだろう。上から緑、黄、赤の三色旗で、上の段にはハスの花が八輪（当時あった八つの州を表している）、中段にはデーヴァナーガリーで何か記されており、下の段には白抜きで左に三日月と星、右に太陽が描かれている。現在のインド共和国の国旗も三色だが、サフラン色（オレンジ）、白、緑で中央に法輪をあしらったデザインで、かなり異なっている。一九三一年にインド国民会議が採用した通称「スワラージ・フラッグ」という、現国旗によく似た旗があるが、それでもない。では作中で登場したあの旗はいったい何なのか。

当時、英領インド（インド帝国）としての国旗はあった。この旗は赤地で右側中央部に国章が、左上にはユニオンジャックがそれぞれ配置されていた。まさにインドがイギリス統治下にあることを示すものであり、インド国民会議はじめ民族運動に関わっていた者がこれを使うわけにはいかない。そこで一九〇六年に民族運動活動家たちによって考案されたのが、サフラン、黄、緑の三色旗だった。中央には「ヴァンデー・マータラム」と書かれており、「母なるインド万歳」を意味する。これはもともと一八七〇年代に作られた詩のタイトルで、インド民族運動のスローガンにもなった。また、詩の一部がインドの第二国歌的位置づけの民族歌に採用されている。この旗が掲揚されたのがカルカッタだったことから、「カルカッタ・フラッグ」とも呼ばれている。

　カルカッタ・フラッグをベースに複数のアレンジバージョンがあり、ラーマとビームが持っていた旗はそのうちのひとつとほぼ同じである。色の選択と並び、ハスのデザインが異なるなどの相違点があるが、中央の「ヴァンデー・マータラム」は変わっていない。川の上で燃えさかる火をイギリス、命の危機に瀕した少年をインドとすれば、ビームとラーマがまさにその祖国を救おうとしている——あの旗にはそんな意味も込められていたのかもしれない。さらに、『ＲＲＲ』のエンディングでは、あの民族旗が何度も登場する。旗

映画公開に先立ちリリースされた〝超高速ダンス〟が話題に。躍動感溢れる楽曲「ナートゥ・ナートゥ」は第95回アカデミー賞の歌曲賞を受賞

を通じて、インド人の自立心と自尊心を表したかったのではないかと筆者は捉えている。

「ナートゥ・ナートゥ」を踊ったあの場所は

序章で記したように映画の前半で、ビームはジェニーからダンスパーティーへの招待を受け、ラーマについてきてもらい会場に行く。そこでジェイクの挑発に対抗して「ナートゥ・ナートゥ」を踊ることになるのだが、背後には西洋建築が控えていた。ターコイズブルーの壁が印象的な、宮殿を思わせる建物だ。あれはいったいどこなのか。

その答えはジェニーがビームをダンスパーティーに誘ったときの言葉にある。会場は「ジムカーナー・クラブ」だと言ったのだ。これはイギリスが英領インド各地に作った会員制のクラブで、スポーツクラブとレストランを併設した社交場といった場所だった。なお、デリーのジムカーナー・クラブは現在の場所に移転したのが一九一三年七月（三〇年代初頭という記述もある）とされるものの、最初に設置された時期については不明である。

　ちなみに、筆者はこのジムカーナー・クラブに行ったことがある。二〇〇八年から一〇年にかけてデリーの日本大使館に勤務していたとき、あるレセプションに招待された。そのときの会場がデリー・ジムカーナー・クラブだったのだ。実際のクラブの建物は、西洋建築という点は同じだったが、映画とは違い（『ＲＲＲ』が公開される一〇年以上前だったのでそんなことは考えもしなかったが）、平屋建てだった。それでもメインのホールに入ると天井が高く広々とした造りで、歴史を感じたものだった。

　今日ではイギリス人限定などということはなく、インド人が会員になって利用している。だが、一九二〇年当時は違った。建物だけでなくそこに集う人びと、提供される食事、そしてダンス――すべてがイギリス式のジムカーナー・クラブは、ビームとラーマにとって「完全アウェー」の場所だったのだ。ビームがアクタルという名のムスリムとして潜伏していたデリーの路地と比べると、コントラストがはっきりする。

　現在のインドの首都は「ニューデリー」という。「ニュー」があれば「オールド」もある。もともとあった地域が「オールドデリー」で、ムガル帝国時代も首都として機能し、王宮ラール・キラー（レッドフォート）や巨大なモスク、ジャマー・マスジッドが築かれた。南北にヤムナ川というガンジス川の支流が流れており、古地図を見ると鉄橋が架かっていて、鉄道も走っている。『ＲＲＲ』のなかで列車炎上事故が起きたのも、こうした配置をある程度意識したのではないかと感じる。

　イギリスはインド直接統治に伴い首都をいったんはカルカッタに移したが、一九一一年にデリーへの遷都を決定した。かつてのデリーは巨大な行政機構を備えた政府の所在地としては手狭だったため、植民地政府は隣接する南部の開発に着手した。その際に都市計画を担ったのがイギリス人建築家のエドウィン・ラッチェンスである。初期に開発が行われたエリアが「ラッチェンスのデリー」と呼ばれるのはこのためだ。総督官邸《ヴァイスロイズ・ハウス》（現インド大統領官邸）を西に、インド門を東に配置し、キングズウェイ（独立後はラージパトとなり、二〇二二年にカルタヴヤ・パトに再改称された）で結ぶエリアが形成された。今日でも外務省や内務省、国防省といった中央官庁はこの近辺にあり、行政の中心地として機能している。在留邦人からは「デリーの銀座」と呼ばれることもあるコンノート・プレイスもラッチェンスの設計で一九三三年に完成した。

『RRR』の終盤はビームがラーマを救出し、そこから反撃に転じ、スコット総督を標的として総督官邸を舞台に壮大な戦闘が繰り広げられる。実際の総督官邸は遷都が決まった翌一九一二年に建設が始まったが、完成までに一七年の歳月を要した。この間に勃発した第一次世界大戦の戦費がかさんだことのしわ寄せが及んだためだった。作中ではラーマとビームが森の中から官邸を襲撃していたが、実際の一九二〇年でも周囲の開発はまだ進んでいなかったのかもしれない。

ところで、『RRR』を象徴する「ナートゥ・ナートゥ」のシーンが撮影されたのは、意外な場所だ。インドではなく、ウクライナなのである。首都キーウにあるマリア宮殿というウクライナ大統領の公邸兼迎賓館で、二〇二三年二月にアメリカのバイデン大統領がキーウを電撃訪問した際、ゼレンスキー大統領との会談が行われたのもここだった。あのシーンはラーマ役のラーム・チャラン、ビーム役のN・T・ラーマ・ラオ・Jr.のほか、楽団員や給仕スタッフを除けばイギリス人ばかりだったが、そうしたエキストラは現地で募集されたウクライナ人だったのかもしれない。いずれにしても、二〇二二年二月以来のロシアによるウクライナ侵攻で、状況は一変してしまった。マリア宮殿でロケが行われたのは、侵攻から数カ月前だったという。

最後に登場する「八人の闘士」（一）

映画の最後には、明るい曲調の「エッタラジェンダ」が流れるなか、ビーム役のN・T・ラーマ・ラオ・Jr.、ラーマ役のラーム・チャラン、シータ役のアーリヤー・バットが踊る。まさに大団円という言葉がふさわしいが、インドの近現代史という観点からするとここはもうひとつの大きな見どころになっている。というのも、独立運動や民族運動で活躍した八人の指導者や活動家の肖像が次々に登場するからだ。インドではこうした人たちをランクや背景にかかわりなく、「フリーダム・ファイター（自由の闘士）」と呼ぶ。この人選が非常に興味深い。まず、八人の名前と生没年、本拠地（現在の行政区画にもとづく）を見てみよう。

① スバース・チャンドラ・ボース（一八九七～一九四五年、西ベンガル州）
② ヴァッラブバーイー・パテール（一八七五～一九五〇年、グジャラート州）
③ キットゥール王妃チェンナンマ（一七七八～一八二九年、カルナータカ州）
④ V・O・チダンバラム・ピッライ（一八七二～一九三六年、タミル・ナードゥ州）

⑤　バガト・シン（一九〇七～三一年、パンジャーブ州）
⑥　タングトゥーリ・プラカーシャム（一八七二～一九五七年、アーンドラ・プラデーシュ州）
⑦　ケーララ・ヴァルマ・パラッシ・ラージャー（一七五三～一八〇五年、ケーララ州）
⑧　チャトラパティ・シヴァージー（一六二七～八〇年、マハーラーシュトラ州）

いかがだろうか。①のスバース・チャンドラ・ボースを除けば、はじめて知ったという人物が多いのではないだろうか。インド専門家が見ても、かなりの「上級編」に分類される指導者が含まれている。

その一方で、インド独立運動を象徴し、「国父」であるマハートマ・ガンディーや彼に次ぐ指導者であったジャワーハルラール・ネルーは取り上げられていない。これについては第4章で詳述するが、筆者はラージャマウリ監督の意図をこう推測する。ガンディーやネルーのことは誰もが知っている。しかし、インドが独立を勝ち取れたのは、数世紀にわたって全国各地で展開されたさまざまな活動があったからこそであり、そこで重要な役割を担った指導者を顕彰したいと考えたのではないか、と。八人の中には武力でイギリス植民地政府と戦った、いわば「武闘派」も多いが、ガンディーが率いたインド国民会議の有力指導者が入っていることからも、彼の功績を否定するものではないと言える。

とはいえ筆者も初めて『RRR』を見たとき、エンディングで最初にスバース・チャンドラ・ボースが出たのを見て、「なるほど、やはりそうきたか」と思った。ラーシュ・ビハーリー・ボースが病のため「もうひとりのボース」に後事を託したと先に記したが、それがスバース・チャンドラ・ボースなのである。彼はインド国民会議の議長を務めたこともある大物政治家で、途中でガンディーらと袂《たもと》を分かって出国し、まずドイツ、次いで日本と協力し武力によってインドを解放しようとした。彼については『ネータージー・スバース・チャンドラ・ボース　忘れられた英雄』というインド映画があり、次章で取り上げることにする。

インド国民会議の指導者としてはほかに、②のヴァッラブバーイー・パテールと⑥のタングトゥーリ・プラカーシャムがいる。パテールはガンディーとともに活動した有力指導者で、インド独立後には初代内相兼副首相を務め、藩王国をインドに編入するという大事業を実現した豪腕政治家だ。二〇一八年には、グジャラート州に一八二メートルという世界でもっとも高い銅像「団結の像」が造られた。プラカーシャムはイギリス留学を経て帰

対英武力闘争を展開、23歳で絞首刑に処されたバガト・シン。インドでは銅像や切手で肖像をよく見る、国民の間で非常に高い人気を誇る人物だ

国し弁護士として活動、その後インド国民会議に加わった。一九二八年にイギリスがサイモン委員会という委員会を派遣した際には、インド独立問題がテーマだったにもかかわらずインド人がメンバーに含まれていなかったことから、各地で強い反発が巻き起こった。プラカーシャムもマドラスで抗議の先頭に立ち、銃口を向けられながらもひるまなかったことから、その勇気を称《たた》え「アーンドラ・ケサリ（獅子）」と呼ばれるようになった。独立直前にはマドラス管区の首相を、独立後にはアーンドラ州の初代州首相を務めた。

最後に登場する「八人の闘士」（二）

⑤のバガト・シンは、武闘派革命家を代表する存在だ。父の影響を受けて反英思想を強く抱いていたシンは、一九二八年にイギリス人の警官を銃殺する事件を起こした。

同年にラーラー・ラージパト・ラーイがデモ中にスコット上級警視から警棒で殴打され、二週間後に死亡したことへの報復だった（ただし、銃殺されたのはラーイを殴打したスコットとは別の警官）。一九二九年四月にはデリーの中央立法議会の議場で手製爆弾二個を爆発させる事件を起こし、その場で逮捕された。これは確信犯的行動で、逮捕から裁判を経る中で自分の主張を知らしめることが目的だったとされる。シンは裁判を経て一九三一年三月に絞首刑になった。今日でも高い人気を誇っており、彼を取り上げた伝記やポスターを見かけることが多い。

各地でイギリスと戦った王は三人いる。中でも有名なのは、⑧のチャトラパティ・シヴァージーだろう。一七世紀に現在のマハーラーシュトラ州を中心としてインド中部の広大な領域を支配するに至ったマラーター王国の創設者だ（「チャトラパティ」は君主号）。王国を築き上げたシヴァージーはムガル帝国とも戦いを繰り広げた。シヴァージー自身がイギリスと戦うことはなかったが、彼が築いたマラーター王国は一八世紀に周辺の諸侯を糾合して「マラーター同盟」を結成し、一七七五年から三度にわたり東インド会社と戦争を行い、イギリス支配に抗った。ムンバイの空港が「チャトラパティ・シヴァージー国際空港」となっていることからも、彼の存在の大きさをうかがい知ることができる。

③のチェンナンマは、今日のカルナータカ州ベルガウム県を支配していたキットゥールという小王国の王妃である。平民の出身だったが武術の才に秀で、キットゥール王の第二王妃となった。一八二四年、東インド会社が「失権の原理」と呼ばれる、王が死亡した際に嫡子がいない場合には同社がその王国の統治権を獲得できるという考えにもとづき、キットゥール王国を支配しようとする事態が発生する。これに反発したチェンナンマは王国軍を率いて反乱を起こし、自らも戦いの先頭に立った。一度は東インド会社軍を撃退することに成功したものの、二度目は敵の巧妙な策略にはまり王国軍は敗北を喫し、彼女も拘束された。チェンナンマは四年にわたり幽閉され、一八二九年に死去した。

⑦のケーララ・ヴァルマ・パラッシ・ラージャーは、その名が示すとおり、今日のケーララ州の人物である。同州北部にはかつてコッタヤム王国があり、パラッシは一八世紀後半に実質的な王を務めた。一七九三年から一〇年以上にわたり東インド会社と戦いを繰り広げたが、一八〇五年、戦闘中に殺害された。

商業の分野でイギリスに戦いを挑んだのが、④のＶ・Ｏ・チダンバラム・ピッライである。インド国民会議のメンバーでもあったが、彼が才覚を発揮したのはビジネスだった。インドの海運業が「英印蒸気航行会社」によって独占状態にあるのに対抗しようと、一九〇六年に「スワデーシー蒸気航行会社」を起こし、「タミルの舵取り」と称された。「スワデーシー」とは「国産品愛用」を意味し、二〇世紀前半にガンディーもこの運動を推進した。チダンバラム・ピッライは政治活動を当局から問題視され、一九〇八年には逮捕され、二年半にわたり投獄されたこともあった。映画の効果かどうかは不明だが、二〇二三年には彼の評伝がインドで刊行されている。

このように八人が活動した時代や各々の背景は異なることに加え、地域的にもインド各地がカバーされている。北部（パンジャーブ州）だけでなく、西部（グジャラート州、マハーラーシュトラ州）、東部（西ベンガル州）、そして南部（タミル・ナードゥ州、ケーララ州、アーンドラ・プラデーシュ州、カルナータカ州）という配置になっている。南部から四人が選ばれたのは、これまで全国的には知名度が高くなかった指導者に光を当てたいというねらいがあったのかもしれない。『ＲＲＲ』がテルグ語映画でありながら、全インドを意識した作品であることがよくわかる人選と言えるだろう。

コラム①　日本のインド映画ブームに火を付けた「あの作品」

『RRR』が登場するまで、日本ではインド映画と言えばこれ、という作品があった。**『ムトゥ　踊るマハラジャ』**である。インドでは一九九五年に公開された映画で、日本公開は九八年だった。インド映画の代名詞に使われる「ボリウッド」という呼称があるが、これは「ボンベイ（現ムンバイ）」と「ハリウッド」を合わせた造語であり、ヒンディー語映画のことを指す。『ムトゥ』はインド南部タミル・ナードゥ州で話されるタミル語の映画であり、「非ボリウッドのインド映画」ということになる。なお、本国での公開の前年に『テンマヴィン・コンバト（*Thenmavin Kombath*）』というマラヤーラム語（インド南部ケーララ州の言語）映画が公開されており、それをリメイクした作品である。

　それまでに日本でインド映画が公開されなかったわけではない。「巨匠」サタジット・レイ監督による『大地のうた』は日本でも一九六〇年代に紹介され、黒澤明からも高い評価を得ていた（『大河のうた』『大樹のうた』とセットで、主人公の名から「オプー三部作」と呼ばれる)。筆者の手元には一九八二年に日本で開催された国際交流基金映画祭「南アジアの名作をもとめて」のプログラムがあるが、それを見るとインド映画だけで三本上映されていたことがわかる。一九九七年に日本公開されたシャー・ルク・カーン主演作品『ラジュー出世する』によってインド映画の認知度は上がったとはいえ、まだ多くの日本人にとってはイメージが湧きにくい存在だった。そうしたなかで、『ムトゥ』は日本の観客に鮮烈なインパクトをもたらした。いったい何が違ったのだろうか。

　作品の舞台はインド南部、タミル・ナードゥ州にある農村で、大地主ラージャと使用人ムトゥ、二人が思いを寄せることになった女優ランガの関係を軸に物語は展開していき、その過程でムトゥの生い立ちをめぐる秘密も明かされていく。高貴な出身の若者が厳しい環境の中で揉まれながら成長していく物語を貴種流離譚と言う。古今東西の伝説や小説、映画など多くの作品で用いられているフォーマットだが、『ムトゥ』もこれに属すると言える。いわば物語の「王道」を行く作品なのである。

　観客の心をつかんだのは、やはりダンスシーンだろう。映画の随所でムトゥやランガがそれぞれおおぜいのダンサーを従えて披露する豪華絢爛な踊りは、邦画にもハリウッド映画にもないものだった。さらに格闘シーン（『ＲＲＲ』に比べるとかなり穏やかだが）やコメディ的要素も盛り込まれており、二時間四五分の上映時間があっという間に感じられる、極上の娯楽大作なのだ。

主人公ムトゥを演じたタミル語映画の大スター、ラジニカーントの存在感も強烈だった。作中では当意即妙な台詞まわしからキレ味抜群のダンス、派手なアクションまでをこなす、まさに「スーパースター」だった。日本では『ムトゥ』公開以降、一部の熱狂的ファンから「ラジニ様」と呼ばれるほどの人気を博すようになった。ランガ役の女優ミーナの美しさとダンスシーンごとに変わる衣装も魅力的だった。

絶妙な邦題もヒットに一役買っていたはずだ。原題どおりの『ムトゥ』だけでは、何のことかよくわからない。そこに「踊るマハラジャ」がついたことで、一気に興味をかき立てる作品になったのではないだろうか。実際にはムトゥはマハラジャではないのだが、日本人にとってはインドの王族を想起させる馴染みのあるキーワードだし、そのマハラジャが「踊る」というタイトルには意外性があった。

『ムトゥ』は日本人のインド映画に対するイメージを決定づける作品になった。インド映画を話題にすると、「ああ、あの歌って踊る……」とか「マハラジャのやつですね」などとよく言われたものだ。その後二〇〇〇年代に入り、日本公開されるインド映画も少しずつ増えてくるのだが、それでも『ムトゥ』のインパクトは絶大だった。『ＲＲＲ』によって更新されるまで日本のインド映画興行収入一位は二〇年以上にわたり『ムトゥ』だったというから、いかに大きな存在だったかがわかるだろう。

　その後、「踊る」はインド映画、とりわけラジニカーント主演作品が日本公開される際のキーワードとなった。『バーシャ！　踊る夕陽のビッグボス』や『アルナーチャラム　踊るスーパースター』、『チャンドラムキ　踊る！アメリカ帰りのゴーストバスター』などである。最近ではダンスシーンがないか、あっても控えめ、つまり「踊らない」作品も増えているのだが、インド映画といえば踊るもの、というイメージは根強い。

　二〇一八年には日本公開二〇周年を記念して、『ムトゥ』のデジタルリマスター版が上映された。筆者もそのときあらためて見てみたが、インド映画の魅力が詰まった作品という思いを強くした。いまでも時々上映されることがあるし、もちろんＤＶＤ化もされている。インド映画の「原点」を楽しんでいただきたい。

第2章　映画が描いたインド独立闘争の一〇〇年

インド大反乱の幕開け――『マンガル・パンデー』

一八五七年という年は、インドの近現代史にとってきわめて重要な意味を持っている。同年五月一〇日、インド北部・連合州（現ウッタル・プラデーシュ州）メーラトでシパーヒー（インド人傭兵）部隊が蜂起し、イギリス東インド会社の支配を揺るがす大反乱にまで発展したのである。反乱軍は北部の最大都市デリーに進軍し、他のインド人傭兵部隊も加わった。さらに、有名無実化したムガル帝国の皇帝バハードゥル・シャー二世が反乱軍に担がれるかたちで最高指導者となり、対英戦争の開始を宣言した。傭兵だけでなく、各地の領主や地主、農民らも加わり、反乱軍は勢力を増していった。

このインド大反乱の嚆矢《こうし》となる事件を起こした実在の人物、マンガル・パンデーを主人公にしたのが二〇〇五年公開のヒンディー語映画『マンガル・パンデー　蜂起（*Mangal Pandey: The Rising*）』である。マンガル・パンデーを演じるのは、インドを代表する俳優で国際的な知名度も高いアーミル・カーン。『きっと、うまくいく』（二〇〇九年）や『ＰＫ』（二〇一四年）、『ダンガル　きっと、つよくなる』（二〇一六年）のように、日本でも公開されたインド映画で主演を務めている。

パンデーは東インド会社軍の第三四ベンガル歩兵隊に所属するシパーヒーだった。映画の中ではこう描かれている。彼には同じ部隊のイギリス人将校、ゴードン大尉という親友がいた。一八五三年に部隊がアフガニスタン遠征をした際、襲撃されたゴードンをパンデーが助けたのが縁だった。二人はレスリングをしたり酒を飲んだり、あるいはパンデーが他のイギリス人将校に殴打される時にはゴードンが止めに入ったりと、人種を超えた強い友情で結ばれていた。ところが、シパーヒーの間で広がっていたある噂によって二人の関係——さらに言えばインド人とイギリス人——に亀裂が入る。

それは、軍に配備された新式のエンフィールド銃に使う火薬をめぐるものだった。粉末状の火薬を包む紙には防湿目的で脂が塗られており、それが牛脂と豚脂だという噂が流れたのだ。シパーヒーは主に上層カーストに属するヒンドゥー教徒とムスリムで構成されており、前者は牛肉を、後者は豚肉を食べることが禁じられていた。銃を使う際には口で包を噛み切って火薬を銃に詰める必要があり、シパーヒーがそれをやれば宗教的禁忌を犯すことになる。

ゴードンはそのようなことはないと噂を否定し、彼を信じたパンデーは自ら名乗り出て銃の試射を行った。ところがその後、パンデーは脂を製造している工場があると知らされ仲間と行ってみると、そこには牛や豚の死体が大量にあり、脂が抽出されていた。裏切られたと思ったパンデーはゴードンと絶交し、部隊内で決起する——。

パンデーとゴードンとの友情、さらに言えばゴードンなるイギリス人将校の存在自体もフィクションだろう。史実においてパンデーが決起した理由をめぐっても諸説ある。だが、エンフィールド銃の火薬包をめぐって流れた噂がシパーヒーの間で反発を招いたのは確かだった。ただ、それだけでシパーヒーたちが決起に踏み切ったわけでもない。昇給や昇進の遅れで不満が溜まっていたことに加え、当時取り沙汰されていたビルマ（現ミャンマー）への派遣の可能性も影響していた。ヒンドゥー教徒にとって異国に行くことは、浄性を失い、ひいてはカーストを失うことになると受け止められていたのだ（「黒い水」を意味する「カーラーパーニー」と呼ばれる）。

さらに、シパーヒーによる決起が各層から支持を得た背景には、政治経済体制の変化とそれに対する反発があった。東インド会社が新たな土地所有制度を導入したことで、伝統的な地主層が没落し、農民を取り巻く状況も厳しくなっていた。また、イギリスから綿製品が大量に流入したことで地場の綿産業が大打撃を被っていた。東インド会社は各地の王国に対しても締め付けを強化した。反乱前年の一八五六年には、アワド藩王国で内政が混乱した結果、東インド会社によって併合されるという事件が起きた。北インド最大の領域を誇った藩王国がイギリスの手中に落ちたというだけでなく、ベンガル管区のシパーヒーの三分の一はアワド出身だったことから、彼らの間で反感が高まってもいたのである。

インド大反乱は、その後どのような経過をたどったのだろうか。反乱軍は勢力を拡大し、各地で藩王国が呼応したこともあり、国土の約三分の二にまで反乱が広がった。しかし、勢いは長く続かなかった。豊富な火力を持つ東インド会社軍が反撃に転じ、反乱開始から四カ月余り経った九月二〇日にはデリーでバハードゥル・シャー二世が降伏した。翌一八五八年三月には、旧アワド藩王国の首都で、反乱軍の重要拠点でもあったラクナウも陥落した。その後も地方で反乱軍と東インド会社軍の戦闘が続いたが、総司令官として各地を転戦していたバフト・カーンが一八五九年に戦死し、反乱は終結した。

一時期的な盛り上がりを見せながらも、この反乱はなぜ鎮圧されてしまったのか。軍事的には、反乱軍の主体となったシパーヒーたちに指揮の経験がある者が限られていたほか、兵器面で東インド会社軍との差が大きかったという要因があった。デリーではバハードゥル・シャー二世が早々に降伏したため、多様な勢力を糾合できる汎インド的な指導者が不在となったことに加え、より実務的なレベルでも横の連携を欠いていた。したがって、一部の見方にあるような「第一次インド独立戦争」と呼べるほど組織だった戦いにはならなかったと言える。とはいえ、インドでここまで大規模に展開された反英反乱はこれが初めてだった。鎮圧後、イギリスは東インド会社による支配から直接統治に切り替え、一八七七年には「インド帝国」を成立させ、イギリス国王（当時はヴィクトリア女王）が皇帝を兼ねるかたちがとられた。一方、インド人の側は植民地支配を受けつつも、民族運動や抵抗運動を展開していったのである。

　ところで、映画『マンガル・パンデー』では、「サティー」と呼ばれる寡婦殉死も描かれていた。夫が死亡した際、その妻も生きたまま一緒に焼くという風習だ。サティーは東インド会社によって一九世紀前半に禁止されていたが、実態としては完全になくなってはいなかった。寡婦となった女性が夫の葬儀に際して焼かれそうになるところを、たまたま近くに居合わせたゴードンとパンデーに助け出されていた。その後この女性はゴードンの家に匿われるのだが、村人も黙ってはいない。外の人間が現地の人間に自分たちの価値観を押しつけるのは良くないにしても、だからといって「伝統」の名の下に残酷な風習が行われるのを見過ごしても良いのか——そんなことを考えさせられる一幕だった。

歴史的超大作――『サイラー　ナラシムハー・レッディ　偉大なる反逆者』

インド大反乱の前にも、イギリスに対して武力蜂起した勢力がいた。一八四六年七月、マドラス管区のクルヌール地方でウイヤーラワーダ・ナラシムハー・レッディという領主が東インド会社の支配に叛旗を翻したのである。

今日のアーンドラ・プラデーシュ州は北部の「沿岸アーンドラ」と南部の「ラーヤラシーマ」の二地域からなるが、クルヌールは後者に属する。かつてラーヤラシーマや隣接するタミル・ナードゥ州には、「パーライヤッカーラル」（パーライヤッカーランとも。これが転じて英語では「ポリガール」となった）と呼ばれる地方領主が各地にいた。ナラシムハー・レッディもこうしたパーライヤッカーラルのひとりだったが、彼らを取り巻く状況は当時、厳しさを増すばかりだった。東インド会社は年金の支給と引き換えにパーライヤッカーラルの権限を獲得し、農民からの徴税を強化していた。ラーヤラシーマは今日のアーンドラ・プラデーシュ州でも経済的にやや遅れた地方になっているが、干魃《かんばつ》で農作物の収穫が減れば生活は立ちゆかなくなる。かといって納税の猶予や減免に応じてくれるほど東インド会社は寛容な支配者ではなかった。ナラシムハー・レッディが起こした反乱は、こうした不満が爆発した結果だったと言える。

このエピソードを題材にした一大歴史超大作が二〇一九年に公開された。テルグ語映画『サイラー　ナラシムハー・レッディ　偉大なる反逆者』である。「サイラー」とは日本語の「エイエイオー」のようなかけ声で、作中で民衆によって何度も繰り返し叫ばれている。ナラシムハー・レッディ役は、チランジーヴィが演じている。タミル語映画のラジニカーントが「スーパースター」なら、チランジーヴィはテルグ語映画界で「メガスター」と呼ばれている。一九五五年生まれなので作品公開時点では六四歳ということになるが、年齢を感じさせないキレ味全開のアクションシーンはメガスターの名にふさわしい。『RRR』ファンにとっては、ラーマ役をつとめたラーム・チャランの父と言えば一気に親近感が湧くだろう。なお、『サイラー』においてラーム・チャランはプロデューサーを務めている。この他、ヒンディー語映画の大御所、アミターブ・バッチャンがナラシムハー・レッディのグル（師）役としてカメオ出演していた。

作中では、東インド会社のコイラクントラ支所に派遣されたイギリス人が地元農民を搾取する様子が描かれ、その横暴ぶりに耐えかねてナラシムハー・レッディがそのイギリス人を殺害、さらには本格的な蜂起を展開するという筋書になっていた。『RRR』ではラーマとビームが二人で植民地政府に戦いを挑んだが、『サイラー』のほうはナラシムハー・レッディが派手な戦闘シーンを繰り広げるだけでなく、「蜂起軍対東インド会社軍」という集団同士の壮絶な戦いになっていることが特徴だと言える。

ナラシムハー・レッディは東インド会社軍とだけ戦えば良いわけではなかった。蜂起軍を維持・拡大するべく、集団としての結束を保つことが大きな課題だったのである。『サイラー』では、反乱を始めようとするナラシムハー・レッディに対し近隣領主たちが冷ややかな視線を投げかけていた。蜂起軍が成果を挙げていくに従って他の領主たちも合流していくが、東インド会社側も切り崩しを図ることで形勢を変えようとする。また作中では、近接してはいるが別地域のタミル人が加勢しようと接触した際、ナラシムハー・レッディ側から「テルグ人に協力できるのか？」と問われるシーンもあった。タミル人側は「もちろんだ」と答えるのだが、地域を超えた連帯を作り上げることの難しさがうかがえた。

史実としては、蜂起軍は半年余りにわたって戦闘を展開したものの次第に劣勢となっていき、首領のナラシムハー・レッディも拘束されてしまう。彼は一八四七年二月二二日にコイラクントラで絞首刑となり、一八七七年までさらし首にされたという。『サイラー』でもこうした流れが描かれているが、ナラシムハー・レッディの最期がどうだったのかは、ぜひ作品を見て確かめてほしい。

映画を見ていて気になったのは、「インド」や「自由」といったフレーズをナラシムハー・レッディが頻繁に発する点だった。彼の反乱の直接的動機は東インド会社から支給される年金をめぐる不満によるもので、「インド解放」を明確に意識していたとは考えにくい。また、一九世紀半ばの時点で「自由」という西洋的概念が地方にまで浸透していただろうか。もちろん現代における映画作品である以上、そこに今日の価値観が投射されることはあるだろうし、インド独立闘争史の中に彼の反乱を位置づけることの意義を否定するわけではない。ナラシムハー・レッディの物語は彼の死後も地元で伝えられたとされ、テルグ語圏の中で一定の存在感があったようだ。ちなみに、ラーヤラシーマ北部にあるクルヌール空港は二〇二一年、「ウイヤーラワーダ・ナラシムハー・レッディ空港」に改称されている。

エンドロールでは、フリーダム・ファイターの写真が次々と映し出される。『ＲＲＲ』でも見られたスタイルだが、本国での公開は『サイラー』のほうが先なので、Ｓ・Ｓ・ラージャマウリ監督はこれを参考にしたのかもしれない。ここで紹介された指導者や革命家についても取り上げたいところだが、さすがにそこまでの余裕はない。というのも、三二人もいるからだ。トップはマハートマ・ガンディー、次いでインド初代首相のジャワーハルラール・ネルー。『RRR』の「八人の闘士」でも入っていたスバース・チャンドラ・ボースやバガト・シンらに加え、ラーマとビームも紹介されていた。

なお、ナラシムハー・レッディについて、二〇二三年秋の日本公開時には「英国軍に初めて反旗を翻した偉人」と紹介されていた（傍点は筆者による）。これは少々誤解を生みかねない記述のように思われる。というのも、彼の前にも東インド会社の支配に対して反乱を起こした勢力はあったからだ。現在のカルナータカ州南部を中心とするマイソール王国の支配者、ハイダル・アリーとその息子ティプー・スルターンは、一八世紀後半に東インド会社と四度にわたる大規模な戦いを繰り広げた（マイソール戦争）。また、タミル地方の最南部ティルネルヴェーリ県でも、一七九九年にヴィーラ・パーンディヤ・カッタボンマンというパーライヤッカーラルが自分の領地での徴税をめぐり東インド会社と対立し、反乱を起こしている（同年中に捕らえられ、絞首刑）。

インドのジャンヌ・ダルク――『マニカルニカ　ジャーンシーの女王』

『サイラー』の冒頭、ある藩王国の王妃が反英闘争を開始するに当たり、ナラシムハー・レッディのエピソードを引き合いに出して将兵を鼓舞するシーンがある。場所はインド北部（現在のウッタル・プラデーシュ州南部）、ジャーンシー藩王国。王妃の名は、ラクシュミー・バーイー（以下「ラクシュミー」）といった。

一九世紀半ば、ジャーンシー藩王国は存亡の危機に直面していた。ジャーンシーは一八世紀にはマラーター王国を中心に結成された諸侯連合「マラーター同盟」に参加していた小王国だったが、一八〇四年に東インド会社と軍事保護条約を結び、藩王国として存続することになった。それから約半世紀後の一八五三年、藩王のガンガーダル・ラーオが死亡する。彼には嫡子がなかった。当時の藩王国にとって、それは消滅を意味した。前章でも触れたように東インド会社は「失権の原理」という考え方を用いて、藩王国に後継者がいない状態が生じた際には併合する方針で臨んでいたからである。ジャーンシー藩王国もそれを見越して、藩王死去の一日前に従兄弟《いとこ》の子どもを養子に迎え入れる緊急避難的措置を講じていた。だが東インド会社はそれを認めず、同年に併合を実行した。

ラクシュミーはガンガーダル・ラーオの妻だった。一八二八年生まれ（三五年説もある）の彼女は、幼い頃から武芸に秀で、乗馬も得意としたと伝えられる。一八四二年にガンガーダル・ラーオに嫁ぎ、五一年には男児をもうけるが、生後四カ月で病死してしまった。一八五三年に東インド会社が藩王国を併合すると、ラクシュミーはジャーンシー城から退去し、年金を与えられて余生を送る――はずだった。

状況が一変したのは、一八五七年五月のことだった。本章冒頭で記したとおり、メーラトでシパーヒーによる反乱が勃発し、北インド一帯に燎原《りょうげん》の火のごとく広がっていた。交通の要衝だったジャーンシーもその例外ではなく、シパーヒーと民衆が決起してジャーンシー城を襲撃、東インド会社の駐留軍を降伏させると、捕虜を殺害した。ラクシュミーは最初から反乱に参加するつもりはなかったが、東インド会社側からは捕虜殺害への加担を疑われることになった。その数日後、反乱軍はデリーに向かうためジャーンシーから去っていった。そこで民衆から戴かれるかたちで統治者となったのがラクシュミーだったのである。

城主となったラクシュミーの下、一八五七年八月からしばらくの間、ジャーンシーは比較的安定した状態が続いた。だが、東インド会社としてはこの状況を放置しておくわけにはいかなかった。翌一八五八年三月下旬、ヒュー・ローズ少将率いる軍勢がジャーンシー城に攻撃を開始した。ラクシュミーらは、籠城戦で対抗した――。

ラクシュミー・バーイーはインド大反乱でもっともよく知られた指導者のひとりであり、インドでは知らない人はいないほどの存在である。馬に乗り、剣を掲げる彼女の銅像がインド各地にある。自ら先頭に立って敵軍と戦ったことから、「インドのジャンヌ・ダルク」と呼ばれることもある。二〇一九年公開のヒンディー語映画『マニカルニカ　ジャーンシーの女王』は、このラクシュミーの戦いを描いた作品である（「マニカルニカ」というのは彼女の幼名）。主人公ラクシュミー役のカンガナー・ラーナーウトが監督も務めている。彼女の演技は力強さと気高さを感じさせ、良い意味で作品に緊張感をもたらしていた。

　ラクシュミーの勇猛さを示すエピソードはいくつもあり――すべてが真実とは限らないが――、『マニカルニカ』でもそれが随所に現れている。映画は彼女が獲物を捕らえようと突進するトラを弓矢一発で仕留め（ただしその後、森へ逃がした）、その後草原を馬で駆け抜けていくシーンで幕を開けるのだが、少女時代から武芸に類い稀な才能を持っていたとされる逸話を効果的に表現したものだと言える。たまたまその場に居合わせたジャーンシー藩王国の宰相が彼女をガンガーダル・ラーオの妻にふさわしいと思ったことがきっかけで嫁入りにつながっていくという流れで物語が展開していく。

　ジャーンシー城をめぐる攻防戦では、ラクシュミーは奮戦したものの東インド会社軍の猛攻を受けて脱出を決意する。そのとき彼女は幼い養子ダモーダルを背中にくりつけ、馬で敵軍の中を突破しようとする。これも必ずといって良いほど伝承で語られるエピソードで、映画でもハイライトのひとつになっていた。『三国志演義』でも武将・趙雲が主君劉備の息子・劉禅を抱いて敵陣を突破したエピソードがあるが、それに通じるものがある。

なんとかジャーンシー城脱出に成功したラクシュミーは、その後も戦いを諦めなかった。東インド会社軍との交戦を経て、ジャーンシーから北に約一〇〇㎞ほどの場所に位置するグワーリヤル（現在のマディヤ・プラデーシュ州北部）に移った。ここはジャーンシーとは別の藩王国だったが、藩王シンディアはアーグラに逃れていた。グワーリヤルの高台には一〇世紀から続く要塞があり、一五世紀末に当時の王によって巨大な城郭が築かれた。ラクシュミーは軍勢を率いてグワーリヤル城に立てこもったが、東インド会社軍は一八五八年六月中旬に総攻撃を仕掛け、白兵戦が展開される。三日間にわたる激戦の中、ラクシュミーは奮戦するが、壮絶な戦死を遂げた。実際に彼女がどのような最期を迎えたかについては諸説あり、映画での描かれ方はかなり脚色が入ったもののように思われる。

ラクシュミーは東インド会社軍のヒュー・ローズ少将が後年「反乱軍指導者の中でもっとも危険で、もっとも優れ、かつ勇敢であった」と記すほどの存在であり、彼女の英雄譚は今日にいたるまで語り継がれている。しかし一方で、ここでもナラシムハー・レッディの反乱、あるいはインド大反乱全体でも見られた限界があった。異なる思惑を持つ勢力を糾合し、大きな組織にしていくことができなかったのである。ラクシュミーもグワーリヤル城で周辺の藩王の加勢に期待したが、保身を優先する彼らは親英の姿勢を変えなかった。その結果、ラクシュミーは孤軍奮闘を余儀なくされた。『マニカルニカ』でも、そうした内輪もめの様子が描かれていた。

「プールナ・スワラージ」（完全独立）の要求へ

インド大反乱以降、イギリスは東インド会社から直接統治に切り替え、植民地支配を強化した。ラーマが起こした一九二二年のランパ蜂起や二八年のビームによる蜂起のように、各地で散発的な反乱はあったが、「ブリティッシュ・ラージ（イギリスによる支配）」を揺るがすまでには至らなかった。

そうした中で、一八八五年にインド国民会議が結成された。前章で記したように当初は穏健な組織だったが、しだいに民族としての権利や自治獲得に向けた要求を強めていく。一九二九年一二月末にラホール（現在はパキスタンの都市）で開かれたインド国民会議の党大会では「完全独立」を意味する「プールナ・スワラージ」という要求が提示され、翌三〇年一月に採択された。「スワラージ」はそれ以前にも提唱されていたが、「自治」としての性格が強かった。しかしイギリスは第一次世界大戦終結後に約束した自治の付与も十分にしないなど、双方の溝は大きかった。「プールナ・スワラージ」の登場は、インド国民会議による急進化の狼煙《のろし》だったのである。イギリスのアーウィン総督はインドの「自治領《ドミニオン》」への移行案に言及し、本国では英印双方の有力者がロンドンで一堂に会して協議する円卓会議を提案したが、インド国民会議はジャワーハルラール・ネルー議長の下でボイコットを決めた（ただし、一九三一年九月に開催された第二回円卓会議にはインド国民会議からガンディーが出席）。

だが、大きな問題があった。どうやってプールナ・スワラージを達成するか、である。よく知られているのはマハートマ・ガンディーによる非暴力・非協力路線だ。第4章で詳述するが、彼の思想と行動はインド独立運動をリードしただけでなく、世界中の民族自決や人種差別撤廃要求に絶大な影響をもたらした。

その一方で、「インド独立」という大目標を共有しながらも、非暴力ではそれを勝ち取ることはできないという考えもあった。その急先鋒となったのがインド国民会議派の若手指導者、スバース・チャンドラ・ボースである。

高級官僚の道を捨てて独立運動へ――チャンドラ・ボースの半生

スバース・チャンドラ・ボースが、『ＲＲＲ』のエンドロールで「八人の闘士」に登場していることはすでに記した。丸眼鏡をかけ、カーキ色の軍帽と軍服に身を包んだ、トップに出てくる指導者だ。彼は「ネータージー」と呼ばれるが、これは「偉大なる指導者」を意味する敬称である。なお、日本では「中村屋のボース」ことラーシェ・ビハーリー・ボースと混同されることがしばしばあるが別人であり、血縁関係もない（ここから先、単に「ボース」と記す場合はスバース・チャンドラ・ボースのことを指す）。

ボースは一八九七年一月二三日、英領インド・ベンガル州カタック（現在のオディシャ州）で、ベンガル人の両親のもとに生まれた。ボース家には子どもが一三人おり、彼は九番目（六男）だった。兄のサラット・チャンドラ・ボースも政治家として知られている。弁護士をしていた父ジャナキナートのもと、ボースはカタックの高校を卒業し、その後カルカッタの名門大学、プレジデンシー・カレッジに進学、さらに二二歳のとき、イギリスに留学した。ケンブリッジ大学で学びながら、インド高等文官（ＩＣＳ）試験に合格することが当初の目的だった。ＩＣＳとは英領インドにおける高級官僚職であり、イギリス人だけでなくインド人も受験することができた。これに合格してＩＣＳとなればキャリアと生活は安泰だったが、そのための試験は超難関だった。秀才の誉れ高いボースは数段階ある試験を首尾よく突破し、あとは最終試験を残すのみとなった。しかしこのとき、彼は重大な決断をくだす。最終試験は受けないことにしたのだ。

　当時、ボースの中で疑問が膨らんでいた。このままＩＣＳになって、イギリスによる植民地支配の手先となる人生を歩んで良いのかと考えていたのだ。ＩＣＳとしてではなく民族運動に身を投じようと決意したボースは一九二一年七月に帰国した。上陸したボンベイにたまたまマハートマ・ガンディーがいることを知ったボースは面会に行くことにした。だが、この初顔合わせから両者の相違点ははっきりしていた。非暴力は譲れないガンディーに対して、ボースは目的達成のためならあらゆる手段を用いるべきだと考えていたのである。

　それでもボースはインド国民会議の一員として活動を開始し、地元のベンガル州を地盤に若手のリーダーとして

ガンディーと袂を分かち武装闘争に転じたボース。ドイツや日本に接近、インド国民軍を指導しインパール作戦にも深く関与した ©時事

頭角を現していった。数度にわたり植民地当局による投獄を経験しながらも、一九三〇年にはカルカッタ市長に選出され、三八年にはインド国民会議の議長にまで登り詰めた。当時の議長は毎年替わるのが基本で、再選されるのはネルーなど一部しかいなかった。しかしボースは翌一九三九年も再出馬し、ガンディーが推す候補を破って再選を果たした。インド独立達成のためには武力闘争も辞さずというボースの権力基盤が拡大し、インド国民会議の方針となれば、それまでの非暴力路線が否定されることになる。危機感を強めたガンディーは党内の常任幹事会に相当する会議活動委員会（CWC）でボースを孤立させる策に出た。この結果ボースは議長ポストを辞任せざるをえなくなった。野に下った彼は「フォワード・ブロック」という党内グループを作り活動を継続することにした。

この頃、ヨーロッパでは情勢が急変しつつあった。ナチスドイツがポーランドに侵攻し、英仏が対独宣戦をしたことで第二次世界大戦が勃発したのである。これが世界はもちろん、インド、そしてボースに計り知れない影響を及ぼすことになった。インド総督のリンリスゴーは副王として英領インドも対独宣戦しイギリスに協力させようとするが、インド国内では激しい反発が沸き起こった。第一次世界大戦のときに自治の約束を反故にされた苦い経験があったことに加え、独立をめざす中で対英協力などもってのほかだったからである。

ボースもカルカッタで反英抗議活動を組織したが、植民地当局に拘束されてしまう。獄中で七日間におよぶハンガーストライキを敢行したことで自宅軟禁に切り替えられた。一九四一年一月一六日、そのカルカッタの自宅で異変が起きた。ボースが忽然と姿を消したのである。彼の所在が判明したのは一九四一年四月のことである。ボースはベルリンにいたのだ。

カルカッタの自宅を脱出したボースは北インドを横断し、アフガニスタン、中央アジアを経てドイツにたどり着いた。有力な外国と連携することでインド解放を実現しようと考えたボースは、以前からシンパシーを感じていたソ連行きを当初希望していたが叶わず、次善の策としてドイツに行くことにしたのだった。ドイツはイギリスと交戦中であったことから、「敵（＝イギリス）の敵（＝ドイツ）は味方」と考えたのである。だが、当時のドイツは対英和平の可能性を追求していたことに加え、総統ヒトラーもインドには冷淡で、ボースは期待していたような協力を取り付けることができなかった。

そのボースが新たに希望を見出したのが、アジアでの展開だった。一九四一年一二月八日、日本が対米英戦を開始したのである。真珠湾攻撃の印象が強いが、それよりもわずかに早く日本軍はマレー半島に上陸し、現地の駐留イギリス軍を攻撃していた。マレー沖では英国海軍の戦艦二隻を撃沈し、陸上ではマレー半島から南下して一九四二年二月にはアジアにおけるイギリスの最重要拠点であるシンガポールを陥落させるなど、日本軍は破竹の勢いで進軍していった。

日本こそが対英闘争の連携相手だと考えたボースは、ベルリンで大島浩駐独大使に接触し、日本行きの希望を伝えた。だが、ドイツから極東の日本に移動するのは容易なことではなかった。今日のように直行便が飛んでいるわけではないし、そもそも戦時下である。ボースのために、極秘の作戦が練られた。

日本と協力して武力解放を夢見たボース――『忘れられた英雄』

二〇〇四年公開の映画『ネータージー・スバース・チャンドラ・ボース　忘れられた英雄（*Netaji Subhas Chandra Bose: The Forgotten Hero*）』（以下『忘れられた英雄』と略記）は、タイトルのとおりボースの生涯を描いた三時間半の大作である。ヒンディー語、ベンガル語に加え、英語のシーンも多い。日本で一般公開はされていないが、二〇二三年一月には駐日インド大使館で鑑賞会が行われるなど、何度か上映されたことがあるようだ。

ボースはインドでガンディーやネルーと並ぶ独立運動の指導者であり、地元のベンガル地方では今日でも絶大な人気を誇っている。コルカタのダムダム空港が一九九五年に「ネータージー・スバース・チャンドラ・ボース国際空港」に改称されたことからも、偉大さがうかがえる。一方で、独立後のインドの中でボースは位置づけに困る存在でもあった。ネックとなったのは、ガンディーと袂を分かち、インド国民会議を飛び出したという経緯だった。初代首相のネルー、その娘で第三代首相のインディラ・ガンディー、インディラの長男でやはり首相を務めたラジーヴ・ガンディーと、「ネルー・ガンディー家」がインド国民会議、ひいてはインド政治で中心的な役割を担ってきただけに、ボースを顕彰することがなかったわけではないが、ブレーキが利いていた感がある。

こうした中で、『忘れられた英雄』はボースを正面から取り上げた伝記映画である。第4章で検討する『ガンジー』がイギリス人監督による映画だったのに対し、こちらはムスリム女性映画三部作などで知られるインド映画の巨匠シャム・ベネガルが監督を務めた。主人公のボースを演じたのはサチン・ケーデーカル。若干線が細い印象を受けたが、ボースの理知的な部分と豪胆な部分がよく表現されていたように思う。

ボースの人生はとにかく劇的である。深夜にカルカッタの自宅を極秘裏に脱出して、ドイツまで行くところはその代表例であり、映画冒頭でもかなり時間を割いて描かれていた。

作中では、逃避行でアフガニスタンに滞在しているとき、官憲に見つからないようにとムスリムに変装していたボースの姿が描かれているが、これも実際にあったことだとされる。また、ボースはオーストリア滞在時に出会ったエミリー・シェンクルという女性と親密な関係になり、ドイツ亡命時に再会して夫婦の契りを結んだ。作中では二人がヒンドゥー式の結婚式を挙げるシーンが描かれていた。エミリーは一九四二年一一月に娘アニタを出産したが、その約三カ月後にボースはドイツから去り、三人が再び会うことはなかった。なお、二〇二三年一〇月現在アニタは存命で、オーストリア在住である。

　右に記したところまででも波瀾万丈すぎるのだが、その後のボースの行動はさらに壮大なスケールで展開されていく。一九四三年二月八日、ボースはアビド・ハッサンという従者とともにドイツ海軍の潜水艦Uボートに乗り込み、フランス西海岸のブレスト港を出港した。そこから二カ月半の航海を経た四月二六日、Uボートはインド洋のマダガスカル沖に姿を現した。そこには、日本海軍の潜水艦伊二九が待機していた。翌二七日にボースとハッサンは洋上で伊二九に乗り換え、東に向かって移動を開始した。伊二九は五月六日に日本占領下の蘭印（現インドネシア）スマトラ島の北に位置するサバン島に到着。ボースはそこから日本軍の軍用機で日本に向かった。東京に到着したのは五月一六日のことだった。

そこからのボースの動きは速かった。「松田」という変名で帝国ホテルに滞在しながら、日本の政軍要人と会談を重ねてインド独立運動への支援を要請した。中でも最重要だったのは東條英機首相との会談だった。ボースに会うまで東條はインド独立運動支援に否定的だった。マレー半島での投降英印軍インド将兵を母体に創設したインド国民軍は内部で混乱が生じ、モーハン・シンという司令官が更迭・拘束される事態になっており、いわば「お荷物」になっていた。そこに現れたボースはインドからイギリスを駆逐することの重要性を説き、感銘を受けた東條は考えを改め、日本として協力することを約束した。この間、ボースは「自由インドラジオ」で声明を発表し、ドイツから日本に移ったことを明らかにしてイギリスやインドの関係者に衝撃を与えもした。

その後、ボースは一九四三年一〇月二一日にシンガポール（日本占領下の呼称は「昭南」）で「自由インド仮政府」を樹立し、自ら首班に就任した。また、ラーシュ・ビハーリー・ボースからインド独立連盟とインド国民軍の指揮権も引き継いだ。さらに同年一一月には東京に戻り、大東亜共栄圏の各国の首脳を招いて開催された「大東亜会議」にオブザーバーとして出席した。あたかもインドを脱出して以来やりたいことが十分にできなかった二年半余りの歳月を取り戻そうとしているかのようだった。

　翌一九四四年、ボースにとって千載一遇のチャンスが到来する。日本軍がビルマから国境を越えてインド北東部に入り、軍事的要衝のインパールを占領しようとする「インパール作戦（ウ号作戦）」の実施を年初に決めたのだ。ボースはこれをインドを武力解放するための機会と捉え、インド国民軍も同盟軍として参加させたいという希望を日本側に伝えた。その結果、一個師団が日本軍とともに参戦するほか、日本軍の各部隊に情報や宣撫を担当する将兵を配置することが決まった。作戦を推進した第一五軍司令官・牟《む》田《た》口《ぐち》廉也《れんや》中将は、インパールだけでなくさらに内陸のディマプールを占領する、その流れで一気にアッサムまで出たいという考えを内心で抱いていた。これは軍内でも疑問視されたが、ボース側から見れば、そうなったらなったで望ましい展開だっただろう。

　だが、そう簡単に話は進まなかった。作戦は一九四三年三月八日に始まり、緒戦は順調だった。インド北東部に駐留する英領インド軍は後退を重ねた。峻険《しゅんけん》な山越えは多大な労苦を伴ったが、インパール陥落は時間の問題のように思われた。しかし、四月頃から戦況が変わってくる。英領インド軍側が反撃に出たのだ。あえて本格的に応戦せず後退し、日本軍が疲弊し補給線が伸びきったところを叩く――ウィリアム・スリム第一四軍司令官はそう目論んでおり、実際にそうなった。英領インド軍の反撃に加え、例年より早めに雨季が訪れたことで、日本軍は過酷な状況にさらされることになった。食料も弾薬も補給されず、豪雨の中でマラリアやアメーバ赤痢が蔓延《まんえん》した。友軍として参加したインド国民軍も状況は同じだった。七月になってようやく作戦中止命令が出されたが、だからといって苦境から解放されるわけではなかった。撤退は困難をきわめ、その過程で多くの将兵が命を落とした。インパール作戦は日本軍にとって痛すぎる敗北だったが、インド国民軍とボースにとっても近づいたはずの夢が遠のく結果となってしまったのである。

その後、追撃に転じた英領インド軍が迫るなか、日本軍はビルマからも撤退した。ボースも一時はビルマのラングーンやメイミョーに自由インド仮政府の拠点を置いていたが、元のシンガポールにまで引くことになった。そして一九四五年八月。アメリカによって広島と長崎に原子爆弾が投下され、満洲では日ソ中立条約を破ってソ連が侵攻を始めた。八月一五日には天皇の玉音放送が流れ、連合国のポツダム宣言を受諾することが発表されて、戦争は終結した。日本と連携してきた以上、ボースの自由インド仮政府やインド国民軍も活動を停止することになった。

もちろん『忘れられた英雄』でもこの時期は取り上げられている。ただし、東京に到着したところまでで二時間以上を割いており、その後の激動の展開を一時間強で描くのは少々無理があったのではないかと思う（二部作にして、日独の潜水艦で日本に向かうまでをパート1、日本到着後の部分をパート2としても良かったのではないだろうか）。作品はインドの他にドイツとミャンマーでも撮影が行われたが、日本ロケはなかったという。たしかに作中でも日本のシーンは室内のものばかりだった。インパール作戦のシーンはミャンマーでのロケだろうが、描き方があっさりしており、急ぎ足の感は拭《ぬぐ》えなかった。

ボースが展開した「総力戦」とその後

『忘れられた英雄』の終盤、こんなシーンがある。ボースが軍服を着たインド人女性たちに語りかけている。場所はビルマのジャングルで、「一九四五年四月二三日、ジアワディ・エステート」とキャプションが入っている。空襲が始まり、ボースや女性兵士たちは伏せて身を守ろうとする。このとき女性兵士たちは最後まで抗戦することを直訴したがボースは受け入れず、彼女たちを先に撤退させたのを見届けてから自分も続くと伝え、実際にそうした。

彼女たちは、ボースがインド国民軍の最高司令官になった際に創設した女性だけで編制される部隊だった。部隊名を「ラーニー・オブ・ジャーンシー連隊」、すなわち「ジャーンシー王妃連隊」という。そう、『マニカルニカ』のラクシュミー・バーイーの名を冠したのである。偶々《たまたま》なのか、あるいはそれが連隊名につながったのかはわからないが、連隊のリーダーは名をラクシュミー・スワミナタンといった。インド独立を達成するには男性だけでなく女性の力も必要だとボースは考えており、多くの女性が戦闘に加わったラクシュミー・バーイーの戦いを強く意識していたのだろう。

女性に戦争などできるものかという懐疑的な見方もあったが、ラーニー・オブ・ジャーンシー連隊にはマレー半島やタイ、ビルマなどから多くのインド人女性が参加し、銃の扱いも含め本格的な軍事訓練を受けた。連隊はインパール作戦の戦闘に参加することこそなかったものの、ビルマの野戦病院で戦傷者の救護に当たるなど、後方支援で存在感を発揮した。その彼女たちを、ボースは最後まで見捨てなかったのである。先に紹介した連隊の撤退を見届けてから自分も、というエピソードも一見創作のようだが、実際にあったことを日本軍の将官が記録に残している。

日本の敗戦に伴い、自由インド仮政府とインド国民軍の活動に終止符が打たれたことはすでに記した。だが、ボース自身に戦いを諦めるつもりはなかった。かねてからシンパシーを抱いていたソ連に再度接触し、新たな運動を始めようと考えていたようである。そこで、日本軍に掛け合い、ソ連軍と交渉するべく満洲に連れて行ってほしいと要請した。ちょうどサイゴン（現ホーチミンシティ）から大連に向かう軍用機があり、それに同乗させてもらえることになった。

一九四五年八月一八日、ボースはハビブル・ラーマンという副官とともにサイゴンを発った。途中、軍用機は給油のため日本統治下の台北に立ち寄った。作業を終えて離陸する際、悲劇は起きた。軍用機がバランスを崩し、墜落してしまったのである。激しい火災が発生するなかボースは機内から脱出を試みるが、機内の寒さ対策のために着込んでいたセーターに引火してしまい、火だるまになってしまった。ただちに台北市内の軍病院に搬送されたが、必死の治療もむなしく同日夜、彼は息を引き取った。四八歳だった。彼の遺灰は、東京都杉並区の蓮光寺という寺院に安置されている。

『忘れられた英雄』では、ボースが軍用機に乗り込むところまでは描かれている。だが、台北での墜落事故についての映像はない。というのも、インドでは彼の「死」をめぐり現在に至るまで論争が続いているからだ。軍用機に乗り込んだのは影武者で、本物のボースは別ルートでソ連に向かったというのである（そこから先は、ソ連で捕虜になった、いやソ連経由で極秘裏にインドに帰国した、などさまざまな説がある）。日本の義経伝説のような話だが、カルカッタからベルリンに移ったかと思えば今度は東京へ……と神出鬼没の動きを見せてきたボースなのだから、今回もあっと驚く秘策があったにちがいないと考えるインド人は少なくない。独立後、インド政府は三回にわたりボースの「失踪」について調査委員会を立ち上げ、日本での調査も含め彼に関する情報を集めたが、いずれも公式に死を認定するには至らなかった。

いずれにしても、ボースがその後、表舞台に出ることはなかった。だが、彼が築いた遺産はインドの独立達成に大きなインパクトをもたらした。戦争が終結すると、イギリスはインド国民軍に参加した将兵を「国王陛下に対する反逆」の罪で裁こうとした。英領インド軍の将兵が投降し敵軍の支援を受けた軍事組織に参加した、というわけだ。まず手はじめに、シャー・ナワーズ・カーン、Ｇ・Ｓ・ディロン、プレーム・サヘガルという三人の幹部将校を被告として裁判が開かれることになった。これがインド民衆の心に火を付けた。戦時中は情報統制によりインド国民軍について知らされていなかったが、裁判によって外から祖国を解放しようとした人々がいたことに気づいたのである。ましてやボースが指導者だったのだから、注目を集めないはずがない。インド国民会議からも、弁護士でもあったジャワーハルラール・ネルーらが弁護団を結成して裁判に臨んだ。イギリスにとっては軍事犯罪者を処罰するはずが、完全に裏目に出た格好だった。

この頃になると、イギリスのインド撤退が現実味を帯びていた。だが、戦後間もない時点では時期も形式もまだ確定していなかった。そうした中で一九四五年一一月に始まったインド国民軍裁判は、民衆を鼓舞するとともにイギリスに対する反発を強めるものだった。翌一九四六年二月には海軍がボンベイで蜂起する事件が起きるなど、英領インド軍内部も統制が利かなくなり始めていた。

二〇一七年公開の『ラーグ・デーシュ（*Raag Desh*）』は、このインド国民軍裁判を描いたヒンディー語映画である。裁判がテーマなので法廷がメインの舞台となっているが、三人の被告の回想や民衆の盛り上がりのシーンも織り込まれている。ちなみに、この映画には多くの日本人が出演している。筆者の友人で当時日系商社の駐在員としてムンバイにいた丹治大佑《だいすけ》氏が、インド工作を担ったF機関を率いた藤原岩市少佐役として出演している。日本公開はされなかったが、インド独立の最終段階でインド国民軍、そこに協力した日本の役割を考える上で重要な作品だと言える。

大英帝国の落日と分離独立がもたらした悲劇――『英国総督　最後の家』

一九四七年になると、インド独立は時間の問題になっていた。同年二月には「最後の総督」として、ルイス・マウントバッテンが着任した。彼は王室と縁戚関係にある貴族だが海軍軍人の道を歩み、第二次世界大戦では連合軍の東南アジア軍（ＳＥＡＣ）司令官として対日戦の責任者だった。彼の任務はインドを統治することではなく、イギリス統治の幕引き役を務めることだった。

マウントバッテンはじめ歴代インド総督が住んだのが、デリーの総督官邸である（インド独立後、共和制になってからは大統領官邸として今日に至るまで使われている）。二〇一七年公開のイギリス映画『英国総督　最後の家』では、この総督官邸を主な舞台として、マウントバッテン、つまりイギリス側から見た植民地統治の最終段階と独立に伴う混乱が描かれている。監督のグリンダ・チャーダはインド系で、フットボールをしたいインド系移民少女の物語を描いた『ベッカムに恋して』やパキスタン系移民の少年を取り上げた『カセットテープ・ダイアリーズ』などの作品がある。ちなみに、マウントバッテン役を演じているヒュー・ボネヴィルは、人気キャラクター・パディントンの実写版『パディントン』『パディントン２』でブラウンさん役を務めたイギリスの有名俳優である。

ガンディーはインドがまとまったかたちでイギリスから独立することを望んでいたが――これは生前のボースも同じだった――、それに異を唱える勢力がいた。ムハンマド・アリー・ジンナー率いる全インド・ムスリム連盟である。インドに留まる以上、ヒンドゥー教徒が多数派の下ではムスリムはマイノリティであり続けることになる。ならばムスリムによる新国家「パキスタン」を創るべきだという主張が台頭し、一九四〇年にはムスリム連盟として独自国家の創設を求める決議を採択していた。一九四六年頃になるとネルーらインド国民会議でも分離独立案を支持するようになり、インドとパキスタンという二つの国家が誕生する流れができていた。

　問題は、国境の線引きだった。ムスリム多住地域をパキスタンとし、それ以外の地域をインドとするにしても、そう簡単に分けられない地域もある。特に西ではパンジャーブ州、東ではベンガル州でヒンドゥー教徒とムスリムが（パンジャーブではシーク教徒も）混在していただけに、境界画定は容易ではなかった。『英国総督　最後の家』で描かれていたが、その役目を任されたのは本国から派遣されてきたシリル・ラドクリフという弁護士だった。インドや境界画定についての知見や経験が豊富かと思いきや、インドについてはまったくの初心者だった。彼が引いた境界線は「ラドクリフ・ライン」と呼ばれ、インドとパキスタンの境界線になったのだが、これが現場では大混乱を引き起こすことになる。パキスタンになる地域からは大量のヒンドゥー教徒とシーク教徒が、インドになる地域からも同様に大量のムスリムが移動するという、世界史上類を見ない規模で民族大移動が起きたのである。この過程で、各地で両者の対立が激化し、虐殺や暴行、略奪が発生した。

『英国総督　最後の家』では、分離独立が決まったことで、総督官邸の中でも五〇〇人を超えるスタッフがインドに留まるかパキスタンに行くかを決めるシーンがある。その中で、焦点が当てられているのがヒンドゥー教徒男性のジートとムスリム女性のアーリアだ。二人は以前から知り合いだったが、ジートはマウントバッテンの従者として、アーリアはマウントバッテンの娘パメラの世話役として総督官邸に勤めており、久々の再会を果たしていた。マウントバッテンやネルー、ジンナーといった歴史上の人物の動きと並行して、二人の恋物語が進行していくという構成になっていた。少々チープな感じがしないでもなかったが、単なる男女の仲に留まらず、ジートにインドを、アーリアにパキスタンを投影していたのだろう。

映画ではないが、一九四七年八月一五日に行われた独立記念式典の模様を捉えたカラーフィルムが残っている。植民地支配の幕引き役を担うことになった「最後の総督」マウントバッテン卿は余裕の表情で、最後は馬車に乗って優雅に総督官邸から去って行く。それに対し、独立インドの初代首相となったジャワーハルラール・ネルーに笑顔はなく、険しい表情を崩さなかった。悲願の独立をついに手にした一方で、すでに進行していたヒンドゥー教徒とムスリムの対立をどう収拾すれば良いのか、重責を前に喜んでいる余裕はなかったのかもしれない。

コラム②　女性をめぐる伝統と現代の摩擦――『グレート・インディアン・キッチン』と『パッドマン』

インドでは政治やビジネス、スポーツなど各界で女性の社会進出が盛んだ。だがその一方で、女性は家庭にいるべきだという見方も根強く残っている。そのことを教えてくれるのが**『グレート・インディアン・キッチン』**だ。インドで二〇二一年に公開されたマラヤーラム語映画で、日本では翌二二年に公開された。その後もミニシアター等で時々上映されることがある。

映画のポスターには、キッチンで料理をする女性を後ろから抱きしめる夫らしき男性の画像が用いられている。二人とも笑顔を浮かべている。多彩なインド家庭料理が作られ、家族みんなが元気になれるハートフルな作品だろう――タイトルとも相まって、そんな印象を筆者は抱いていた。

だが、実際はそうではなかった。映画を見終わったとき、いや途中の時点ですでに、これはホラー映画と呼んだほうが良いのではないかと感じたほどだった。ポスターをよく見ると、こんなキャッチコピーがついていた――「キッチンという名の牢獄」。
物語の舞台はインド南部、ケーララ州コーリコーデ（旧カリカット）の伝統的な邸宅だ。そこに住む一家の息子に、見合い結婚で女性が嫁いでくる。妻は中東のバハレーンで教育を受けたダンサーだったが、新しい環境に溶け込もうと献身的に家事をしていく。中でも料理は最大の仕事で、家族のためにバラエティ豊かな料理をキッチンで用意し、食卓に運び、片付けをして……という具合に日々は過ぎていく。しかし、そんな毎日がしだいに負担になっていく。夜の性生活も夫が独りよがりで、彼女にとっては苦痛でしかなかった。

彼女にとってはキッチンだけでなく、家全体が「牢獄」のような場所になっていたのだ。怒りを募らせる妻、それに無関心で、少しでも彼女がしきたりと違うことをすると厳しく当たる夫や義父。あるときキッチンのシンクの排水口から汚水があふれ出てしまい、彼女は夫に修理を頼むのだが、いつまでたっても対応してくれない。バケツにたまっていく汚水は、彼女の苦悩を象徴しているように映った。

伝統社会と言えば聞こえは良いが、家父長制やミソジニー（女性に対する嫌悪や蔑視）は男性にとっては都合が良くても、女性にとっては抑圧の正当化になる。ちなみに、作中では夫婦の名前はまったく出てこない。あえてそうすることで、これは例外的な話ではなく、いまなお多くの家で展開されている問題なのだということを示したかったのかもしれない。

それとは逆に、妻のためにより快適な環境を提供しようと奮闘した夫もいる。その物語を映画化したのが**『パッドマン　5億人の女性を救った男』**（インド・日本ともに二〇一八年公開）だ。サブタイトルがネタバレになってしまっているが、ではなぜ、そしてどうやって五億人もの女性を救ったのだろうか。

その答えもまたタイトルにある。「パッドマン」は『バットマン』を意識したものだろうが、では「パッド」とは何か。女性の生理用ナプキンのことだ。インドの地方の町に住むラクシュミカーント（ラクシュミー）は、ある日妻のガヤトリが生理の際にぼろ布で経血の処理をしていることを知り、衝撃を受ける。そこで薬局に行き生理用ナプキンを買い求めるのだが、高額なことでそこでも衝撃を受ける。それでも購入して家に持ち帰ると、今度は妻からそんな高額なものを使うわけにはいかないと突き返されてしまう。ならばと、彼は決意した。自分で作ればいいじゃないか、それなら安く上がる、と。

なんとかして試作品を作り上げたラクシュミーだったが、この時点での性能はイマイチだったようで、妻からはダメ出しをされてしまう。他の親族からも、女性の生理に首を突っ込もうとするラクシュミーは疎んじられるようになる。生理を「穢《けが》れ」とする捉え方はいまでもあり、『グレート・インディアン・キッチン』でも妻が生理になったときに他の家族と接触することを許されず、部屋に閉じ込められて、食事も一人で食べるシーンがあった。

風当たりは強くなる一方だったがそれでもラクシュミーは開発を諦めず、あの手この手を使って改良品の製作に成功。大量生産を可能にする機械も開発した。だが、もうひとつ問題があった。誰かにモニターになってもらわなければならない。妻にはもう頼めない。そんなとき、ある偶然が彼に起きる——。

後半の展開はここでは記さないが、この話、実話なのだ。ラクシュミーは、アルナーチャラム・ムルガナンダムというタミル・ナードゥ州の男性である（映画ではアクシャイ・クマールが演じている）。「発明家」「社会起業家」と呼ばれることが多いムルガナンダムだが、ナプキン開発に着手するまでは溶接工や機械の作業員などをしていた。彼は二〇一四年にアメリカの『TIME』誌で、「世界でもっとも影響力のある一〇〇人」に選ばれてもいる。それほどに彼による「生理用ナプキン革命」はインド女性のライフスタイルに大きな変化をもたらしたのだと言える。

筆者にはバットマンよりパッドマンことムルガナンダムのほうがスーパーヒーローに思えるが、いかがだろうか。

第3章　いまなぜ、インドで愛国映画が大ヒットするのか

反英闘争映画の変化

これまで見てきたとおり、『ＲＲＲ』に限らず反植民地闘争を描いたインド映画は多数製作されてきた。インドにとって反英闘争、そして独立運動は自国の歴史の中で決定的に重要な意味を持っている。それは苦難の歴史であるとともに、数々のドラマの源泉でもあった。そこでポイントになるのが、イギリスをどう描くか、そして侵略に対するインド人の抵抗をどう描くかだ。

イギリスのインドへの関与は、東インド会社が現地の領主から招かれるかたちでマドラス（現チェンナイ）に要塞を築いた一六三九年に始まった。当初交易が主目的だった東インド会社はしだいに活動範囲を広げていき、一七五七年のプラッシーの戦いを経て事実上の植民地政府になっていった。その一〇〇年後に起きたインド大反乱を鎮圧すると、イギリスは直接統治に切り替え、インドとパキスタンが分離独立する一九四七年までその支配は続いた。

三〇〇年余りに及んだインドとの関わりの中で、イギリスは各地の王国と戦争を繰り返し、支配地を拡大していった。その過程で、筆舌に尽くしがたい暴虐が行われた。インド大反乱に参加したインド人兵士（シパーヒー）は大砲にくくりつけられて砲弾で殺害されるなど、残忍な処刑が行われた。

一方でイギリスのインド統治は硬軟取り混ぜた、非常に巧妙なものでもあった。アメとムチを使い分けたのである。各地の藩王に対しては、服従と引き換えに王国内の自治を保障した。第一次世界大戦では戦争協力の見返りに自治を約束した――これは結果的にほとんど実現されなかったが。ガンディーのインド国民会議をはじめとする独立運動には、時に対話で、時に弾圧で臨んだ。

こうしたイギリス支配をインド映画はどう描いてきたのか。たとえば二〇〇一年公開のヒンディー語映画『ラガーン』を例に見てみよう。舞台はイギリス植民地時代の一八九三年、ボンベイ管区（現在のグジャラート州）内の小さな農村。そこは藩王国だったが実質的に植民地政府の役人が権力を行使しており、干魃で作物がとれないにもかかわらず重税を課していた。村民たちが窮状を藩王に訴えに行ったところ、そこにいたイギリス人のラッセル大尉からある提案を持ちかけられる。クリケットで決着をつけようじゃないか、もしわれわれに勝つことができたら村はもちろん、藩王国全体の税を三年免除しよう、と。ただし、負けたら村の税をいまの三倍にするとも付け加えた。

直訴に来た村民のひとり、ブヴァン（演じるのは『マンガル・パンデー』でも主演を務めたアーミル・カーン）はこの提案を受け入れる。村民は誰もクリケットのルールすら知らなかったが、不利であることは承知だった。いわば、武力で戦うところをスポーツ対決に変えたわけだ。クライマックスは明かさないが、血は流れず、人も死なない。

テルグ語映画『サイラー　ナラシムハー・レッディ』でも、東インド会社のイギリス人が農民に対して「賭け」を持ちかけるシーンがあった。自分の馬と競走して勝てば土地はそのままおまえのものだ、と言ったのだ。競走と言っても、人間対馬である。勝てる見込みがあるはずはない。しかしそれを断れば、土地は召し上げられることになる。村民の誰もが尻込みするなか、足元もおぼつかない老村長がやむなく走り始める――。作品としてはイギリスの暴虐ぶりを印象づける意図だったのだろうが、正直見ていてつらいものがあった。その点『ラガーン』のほうは、イギリス人に有利なものとはいえ、一応は「フェアプレー」に則ったものだった。

次章で取り上げる名作『ガンジー』でも、イギリスに対して非暴力闘争をねばり強く続けたガンディーの生涯が描かれている。『ガンジー』はイギリスとインド、アメリカの合作とはいえ、監督以下製作チームや主演俳優はほとんどイギリス人なので外国映画としての性格が強いものの、一九八二年にインドで公開されると、一〇億ルピー超の興行収入を記録した。

　これに対して前章で取り上げた『サイラー』や『マニカルニカ』といった二〇一〇年代後半に製作された歴史映画は、イギリスに対して武力で立ち向かった領主や王妃の物語だ。そこではイギリス人は残忍で狡猾《こうかつ》な侵略者であり、殲滅《せんめつ》すべき敵として描かれる。『ＲＲＲ』も、こうした系譜に位置づけられるだろう。相手はイギリスではなくムガル帝国だったが、マラーター王国の将軍ターナージー・マールサレーを主人公にした『ターナージー　知られざる闘士（*Tanhaji: The Unsung Warrior*）』も、「愛国的作品」との評価を受けている。この映画は、二〇二〇年に公開されたヒンディー語映画としては最大の興行収入を挙げた大ヒット作となった（日本未公開。なお、ターナージー役を演じたのは『ＲＲＲ』でラーマの父役だったアジャイ・デーヴガン）。

「巨大ダイヤを返還せよ」――イギリスに対する強硬な主張の登場

　インドのイギリスに対する捉え方は、近年厳しさを増しているように見える。それは映画の世界だけでなく、植民地支配の評価をめぐる議論にも表れている。

象徴的なのは、「コ・イ・ヌール」と呼ばれる巨大ダイヤモンドの返還要求だ。コ・イ・ヌールとは、ペルシャ語で「光の山」を意味する。このダイヤモンドがどうやって最初に世に出たかは明らかになっていない。だがインド原産であることは確実で、今日のアーンドラ・プラデーシュ州で採掘されたとの説が有力だ。コ・イ・ヌールは一四世紀から一六世紀前半にデリー・スルターン諸王朝によって保有された後、ムガル帝国や一六世紀半ばに北インドを一時期支配したスール朝を経て、一九世紀前半の時点ではパンジャーブのシーク王国の王デュリープ・シンが所有していた。そのパンジャーブが東インド会社とのあいだで一八四六年に結ばれたラホール条約にもとづき、四九年、東インド会社の支配下に入ると、コ・イ・ヌールはイギリスのヴィクトリア女王に献上された。

コ・イ・ヌールは一八五一年のロンドン大博覧会で展示された。巨大なダイヤモンドに見物客はさぞかし引き込まれたかと思いきや、反応はいまひとつだったという。その理由は大きさではなく、形状にあった。西洋的なカットの仕方ではなかったのである。そこで、一八五二年にオランダから職人が呼ばれ、研磨とカット作業が行われた。その結果、当初一八六カラットあったコ・イ・ヌールは一〇五・六カラットまで小さくなったが、通常のブリリアントカットよりも八つ多い六六面になり、美しい輝きを放つようになった。

こうした経緯を経つつも、コ・イ・ヌールはイギリス王室が保有する状態が続いている。ヴィクトリア女王から国王エドワード七世の妻アレクサンドラ王妃、そして一九三六年に即位したジョージ六世の妻エリザベス王妃と、女王や王妃のあいだで受け継がれてきたのだ。一九一一年のジョージ五世戴冠に際してメアリー王妃のために王冠が作られた時、コ・イ・ヌールはそこにはめこまれた。

コ・イ・ヌールはラホール条約にもとづいてシーク王国からイギリス王室に渡った。正当な手続きを踏んでいるように見えるし、実際にイギリス側も合法的に取得したという認識でいる。しかし、条約自体が果たして対等な立場で締結されたのかという点については、以前から疑問が呈されていた。むしろ条約は形式に過ぎず、強圧的な環境の下で譲渡されたのではないか、というわけだ。

コ・イ・ヌールの返還を求める動きは過去にもあったが、イギリス側は拒否しつづけてきた。条約にもとづいて正当に取得したもの、という立場を崩してこなかったのだ。だが二〇二二年九月にエリザベス女王が逝去すると、この問題が再燃した。イギリス国王が替わるこのタイミングで、あらためて返還を求めるべきだという声がインド国内で高まっているのだ。エリザベス女王の王冠にはめられていたコ・イ・ヌールをチャールズ新国王とカミラ新王妃がどう扱うかという現実的な問題にも関心が集まった。結局、二〇二三年五月の国王戴冠式でカミラ新王妃はコ・イ・ヌールの王冠を用いることはなかった。インドからの返還要求が高まっていることを念頭においたものと見られている。実際、その少し前にはインド与党のインド人民党（ＢＪＰ）の広報担当者がコ・イ・ヌールについて、「植民地時代のつらい記憶を思い起こさせるものだ」と発言していた。

現時点（二〇二三年一一月）でインド政府がイギリス政府に正式な返還要求をしたというわけではない。しかし、モディ政権が返還要求キャンペーンを開始するのではないかという憶測はしばしば印英両国のメディアで報じられており、今後実行に移される可能性は十分ある。だからといってイギリス側としてもすんなり応じはしないだろう。インドはまず植民地時代の写本などの返還から着手したい考えだという報道もある。だとすれば、さまざまな文化財の返還が今後インドとイギリスの関係で重要なテーマになってくるのではないか。その中でコ・イ・ヌールはいわば「本丸」という位置づけになるのかもしれない。

ところで二〇一四年公開のインド映画『バンバン！』にも、このダイヤモンドが登場する。トム・クルーズとキャメロン・ディアス主演のハリウッド映画『ナイト＆デイ』をボリウッドでリメイクしたこの作品では、リティク・ローシャン演じる盗賊ラージヴィールとカトリーナ・カイフ演じるハルリーンがコ・イ・ヌールをめぐって国際犯罪組織とド派手な争奪戦を繰り広げていた。

経済的な観点から植民地支配を糾弾する主張も出てきた。ジャワーハルラール・ネルー大学名誉教授で経済学者のウトサ・パトナイクは二〇一八年の論考で、一七六五年から一九三八年にかけてインドからイギリスに流出した富は九兆二〇〇〇億ポンドにも上るという試算を発表した。イギリスがインドを植民地支配していた時代の為替レートは一ポンド＝四・八ドルで、これにもとづくと四四兆一六〇〇億ドルになる。

パトナイクによると、試算の基本となるのは対象期間におけるインドの輸出で得た黒字額で、これに年率五％の利率を加味すると九兆二〇〇〇億ポンドになるという。流出額は毎年のインド政府予算で二六～三六％にも相当し、これが国内で留保されていたらはるかに大きな発展を遂げ、保健や福祉分野の指標もずっと良い結果になっていたはずだと主張する。実際にはその逆に、一九二九年までの三〇年でインドの貿易黒字額は世界第二位だったにもかかわらず、一九〇〇～四六年にかけて一人当たりの収入はほとんど増加しなかったとパトナイクは指摘している。

さらに、国連事務次長を経験し、現在は連邦下院議員を務めるシャシ・タルールは、二〇一七年の『栄光ならざる帝国　イギリスはインドに何をしたか（*Inglorious Empire: What the British Did to India*）』で、植民地支配に容赦のない批判を加えている。一八世紀の時点でインドが世界経済に占める割合はヨーロッパと同じだったが、イギリスの支配が終わった一九四七年には六分の一にまで低下してしまったとし、インドの富が二〇〇年にわたり収奪されたと論じている。

二一世紀初頭から始まったインドの台頭

こうした強硬な主張は、インド自身の急速な台頭と無縁ではない。かつて「貧困」や「停滞」が代名詞だったインドのイメージは、この三〇年で激変した。一九九一年にはじまった経済自由化路線によってインドは経済成長の軌道に乗り、二一世紀初頭には将来性豊かな新興国群「ＢＲＩＣｓ」（その後、南アフリカが加わり「ＢＲＩＣＳ」）の一角に名が挙がり、注目されるようになった。二〇〇三年から年率八％前後の高度経済成長が始まり、二〇〇八年の世界金融危機による影響や二〇二〇年の新型コロナウイルスによる大打撃はあったものの、その都度力強い復調を遂げてきた。外資のインド投資も活発で、自動車や家電といった製造業だけでなく、近年では外食産業の進出も盛んだ。

とりわけ二〇二二年以降、インドの「台頭」を感じさせる展開が相次いで報じられている。二〇二二年には、インド国内総生産（ＧＤＰ）が米中日独に次いで世界第五位に躍り出たことが明らかになった。それまでの五位はイギリスだった。つまり、かつての植民地が宗主国を経済規模で追い抜いたのである。折しもこの年の一〇月、イギリスではインド系のリシ・スナクが保守党党首に選出され、新首相に就任した。このときインドの有力英字週刊誌『インディア・トゥデイ』はスナク新首相特集を組んで詳しく報じていた。表紙には、ティラカ（ヒンドゥー教徒がつける赤い印）をおでこにつけたスナク首相の大きな写真とともに、「リシ・ラージ」というタイトルが掲げられていた。かつてイギリスのインド支配を「ブリティッシュ・ラージ」と呼んだのを念頭に、今度はインド系がイギリスのトップに登り詰めた、と言わんばかりだった。

　この勢いは止まらず、二〇二〇年代末までにインドのＧＤＰは三位の日本と四位のドイツを抜いて、世界第三位に躍り出るという予測もある。正確な時期は別にしても、少なくとも経済規模の分野でトップ3を「米・中・印」が占めるという時代が来るのは時間の問題と言って良い。東西冷戦が終結した一九九一年に「米・日・独」だったのとは様変わりである。ちなみにこの年、インドのＧＤＰは第一六位だった。

投資先としてもインドへの注目は年々高まりを見せ、グローバル企業が続々とインドに進出している。アップルは電子機器受託生産で世界最大手のフォックスコンを通じて、二〇二三年八月からｉＰｈｏｎｅ15の生産を始めた。インドの自動車販売で最大のシェアを誇るスズキは、既存工場の生産能力増強や四カ所目及び五カ所目の工場新設に加え、インド国内で製造した電気自動車（ＥＶ）を二〇二五年には日本に輸出する計画を進めている。モディ政権は「メイク・イン・インディア」という製造業振興キャンペーンを展開しているが、実際に「メイド・イン・インディア」の製品が世界に出回るようになっているのだ。このほか最近では、半導体産業の育成・誘致に乗り出してもいる。

モディ政権の誕生と高揚するヒンドゥー至上主義

国内政治でも大きな変化があった。二〇一四年五月の連邦下院総選挙で、インド国民会議派を中心とする与党連合「統一進歩同盟（ＵＰＡ）」が敗北し、代わってＢＪＰを中心とする野党連合「国民民主同盟（ＮＤＡ）」が多数を占めたのだ。首相には、西部グジャラートで二〇〇一年から州首相を務め、地元の経済成長をリードしてきたナレンドラ・モディが就いた。

モディ首相は就任後、改革案や新規イニシアチブを実行に移した。前述の製造業振興策「メイク・イン・インディア」をはじめ、全国レベルで公衆トイレ設置や環境美化を図る「スワッチ・バーラト（クリーン・インディア）」、通信インフラの整備を通じてデジタル化を促進する「デジタル・インディア」などを矢継ぎ早に打ち出し、実行力のある政権であることをアピールした。二〇一六年一一月には、五〇〇ルピーと一〇〇〇ルピーの高額紙幣二種を汚職対策のためとして突如、廃止したこともあった。

二〇一九年五月の総選挙でもＮＤＡは勝利し、モディ首相がひきつづき政権を率いることになった。このときのＢＪＰによる選挙マニフェストは「断固たるインド、力強いインド」というタイトルで、モディ首相が「強力で包摂的なインドを築き上げよう」と呼びかけた。新型コロナウイルスによるパンデミック、とりわけ二〇二一年前半に猛威を振るったデルタ株では深刻な打撃を受けたものの、その後は経済も力強さを取り戻している。二〇二二年八月の独立記念日演説では、モディ首相が「独立一〇〇周年に当たる二〇四七年までの先進国入り」という目標を掲げた。

二〇二三年九月には主要な先進国と新興国、資源国が一堂に会するＧ20の議長国として首都デリーでサミットを開催し、モディ首相がバイデン大統領やフランスのマクロン大統領らを迎え入れ、「グローバル・リーダー」であることを印象づけた。ちなみにインドが議長国を担当した一年間で使用されたロゴマークは、ハスの花の上に地球が載っているデザインだった。ハスの花はインドの国花である。「世界を支えるのはインドだ」というメッセージのように感じられた。

ただ、モディ政権に対する反発がないわけではない。その多くはインド国内のマイノリティ、とりわけムスリムをめぐる政策にかかわるものだ。背景には、与党ＢＪＰや支持母体である民族義勇団（ＲＳＳ）が掲げる「ヒンドゥー至上主義」がある。たとえば、二〇一九年八月、ムスリムの多い北部ジャンムー・カシミール州に付与されていた憲法上の優遇措置を廃止するとともに、州を「ジャンムー・カシミール」とチベット仏教徒の多い「ラダック」に二分割していずれも連邦直轄領とする決定を発表した。また同年一二月には、難民に対するインド国籍付与についての規定を盛り込んだ「改正国籍法」で、ヒンドゥー教徒やシーク教徒、クリスチャン、仏教徒などが対象になる一方で、ムスリムが排除されることが明らかになった。これをめぐっては、インド各地で大規模なデモが起きた。

印パ関係が映画産業に影響

対外関係、とくにパキスタンに対しては断固とした姿勢で臨む場面が目立っている。二〇一九年二月にジャンムー・カシミール州の「管理ライン（ＬｏＣ）」と呼ばれるパキスタンとの暫定境界線付近で、治安部隊を標的にしたテロが発生し、多数の犠牲者が出たことがあった。実行犯と見られるイスラーム過激派組織がパキスタン領内に拠点を置いているとして、越境報復攻撃に踏み切った。ただし、資源輸入や地域開発で重要なパートナーであるサウジアラビアやアラブ首長国連邦（ＵＡＥ）、カタール、イランといった中東・湾岸諸国とは緊密な関係を維持しているように、現実的な対応も見せている。

パキスタンに対する反発は映画界でもある。以前であれば、パキスタン人の俳優がインドの映画に出演することはよくあった。サバー・カマルは『ヒンディー・ミディアム』で主人公の妻役を演じたし、アリー・ザファルは二〇一〇年代前半に複数のヒンディー語作品に出演していた。ところが二〇一六年一〇月、インド人映画監督のカラン・ジョハールが、自身が監督を務めた作品にパキスタン人俳優のファワド・カーンが出演していたことでマハーラーシュトラ州の地域政党から非難を受けたため釈明のビデオメッセージを発表し、今後は「隣国」——パキスタンのことだ——の人材は起用しないとの考えを示した。この前月にはＬｏＣに近いジャンムー・カシミール州ウリでテロが発生しており、反パキスタン感情が高まっていたことが背景にあった。実際、このときインド映画製作者協会と西インド映画産業従業員連盟はパキスタン人がインドの映画産業で働くことを禁止するという決議を採択した。前述した二〇一九年二月のテロの際にも、全インド映画産業労働者協会で同様の決議が採択されている。

作品としても、パキスタン映画『モーラ・ジャットの伝説（*The Legend of Maula jatt*)』が二〇二二年一二月末にインドで公開予定だったが、キャンセルになった。パキスタン映画として史上最高の興行収入を記録したアクション作品だけにインドでの関心も高かったようだが、その後上映の目処は立っていないようだ。

ただ、パキスタン排除一辺倒かというとそうでもない。二〇二三年一〇月、ボンベイ高裁がインドでパキスタン人アーティストによる就労の全面禁止を求める申立てに対して司法判断を示した。同高裁の小法廷は申立てを却下し、「文化的調和、団結、平和の推進を逆行させるもの」であり、「何のメリットもない」と一蹴したのだ。有力英字紙『インディアン・エクスプレス』は社説でこの問題を取り上げ、ボンベイ高裁の判断を称賛した。『英国総督　最後の家』でも描かれていたように、印パの分離独立によって、数多くの悲劇が生まれた。また、独立直後の一九四七年、六五年、七一年と三回にわたって両国は戦火を交えてきた。二〇〇八年一一月二六日には、ムンバイで大規模な同時多発テロが発生したが、犯行グループはパキスタンから海上経由で上陸したとされる（この事件の舞台のひとつとなったタージマハル・パレス・ホテルに焦点を当てた『ホテル・ムンバイ』という映画がある）。こうした経緯があるだけに、これまでも関係改善や和解の取り組みが試みられたものの、持続的な結果をもたらすことはできないでいる。両国関係の動向は今後も映画産業に影響を及ぼすことになりそうだ。

再評価される独立運動の闘士たち

「強いインド」への指向は歴史をめぐる動向にも表れている。インド独立運動の指導者、スバース・チャンドラ・ボースを再評価する動きが活発になっているのはその傾向を象徴するものと言える。

二〇一九年一月、デリーのラール・キラー（レッドフォート）敷地内にインド国民軍博物館がオープンした。このエリアにはもともと「独立闘争博物館」という施設があるが、新博物館はそれとは別にインド国民軍に焦点を当てたものだ。もちろん、インド国民軍を率いたボースに関する展示も多い。ボースやインド国民軍に関しては、コルカタやインパール作戦の際に一時期占領した北東部マニプル州モイランに博物館がある。しかし、同じ分野で首都に本格的な博物館ができたのはこれが初めてであり、ボースの事績を広めようとする意図が感じられる。

　ボース生誕一二五周年に当たる二〇二二年には、一月二三日の誕生日に合わせてデリー中心部に彼のホログラム像が設置された。一九一四年から二一年にかけて英領インド軍が参加した戦争の戦没者を顕彰するインド門という巨大な建造物のすぐ側《そば》にある。かつてそこには、イギリス国王ジョージ五世の像があったが一九六八年に撤去され、半世紀以上「空席」になっていた。植民地時代の支配者の像があった場所に独立運動の闘士が顕彰されたのである。

　翌二三年一月になると、これがホログラム像から本物の像に替わった。高さ八・五メートル超のボース像はインド国民軍の軍服と軍帽をまとい、右手で敬礼している。像からはカルタヴヤ・パト（旧ラージパト）という幅の広い道が伸び、その先には大統領官邸――すなわち植民地時代の総督官邸――がある。ボースは一九四三年、シンガポールでインド国民軍将兵に対し「チャロー・デリー」と呼びかけた。「デリーへ進軍せよ」という意味だ。ボース本人がデリーに到達することはできなかったが、像の設置は彼の功績に対する称賛であるとともに、その悲願を二一世紀に実現したものに映る。

　これまでボースが「知られざる存在」だったわけではない。むしろ、ガンディーやネルーと並んで国民的知名度の高い指導者だった。一九六七年一二月、ボースが所持しており、戦後はインド国民軍とかかわりの深い藤原岩市氏が保管していた日本刀がインドに返還された。刀は列車でデリーまで運ばれ、レッドフォートに置かれた。そのときはザキール・フサイン大統領やインディラ・ガンディー首相がかけつけ、ボースの功績を称えたということはあった。こうした例外を除けば、国レベルでボースを顕彰する取り組みには慎重だった。背景にあるのは、独立後のインドで長期にわたり政権を担ったインド国民会議の存在だろう。独立運動における重要な指導者であることはたしかとはいえ、ガンディーやネルーと対立したボースは扱いづらかったのではないか。

　その点、ＢＪＰのモディ首相にそうした「しがらみ」はない。むしろ、ボースを前面に押し出すことによって、いまもインド国民会議で重要な位置を占めるネルー・ガンディー家との差別化を図るとともに、自分と彼を重ね合わせることで、「強い指導者」像を強化することもできる。インド政府は二〇一六年一月二三日、首相府や外務省、内務省が保管するボース関連文書のうち、機密指定解除されたものを国立公文書館に寄託し、「ネータージー・ペーパーズ」としてウェブ上で公開した。これも、ボースの「その後」をめぐりさまざまな説が出ているなかで、議論を活性化させたいというねらいがあったものと思われる。

ヨガ、民主主義、そして「バーラト」――再評価される伝統

さらに歴史を遡り、古代インドの遺産や伝統文化を再評価する動きも顕著だ。

モディ政権が発足してから五カ月あまり経った二〇一四年一一月、新たな中央官庁が発足した。その名を「アーユルヴェーダ・ヨガ・ナチュロパシー・ユナニ・シッダ・ホメオパシー省」、頭文字をとって「ＡＹＵＳＨ省」と言う。アーユルヴェーダとヨガはよく知られているが、ユナニもインド伝統医学のひとつで、ナチュロパシーとホメオパシーは米欧発の自然療法である。とくにホメオパシーは代替医療としてインドで広く普及している。シッダはインド南部タミル・ナードゥ州の伝統医学である。ＡＹＵＳＨ省はゼロから新設されたのではなく、保健・家庭福祉省内にあったＡＹＵＳＨ局を分離・格上げしたものではあったが、れっきとした中央省庁である。政府としてこうした伝統医学の研究や振興に本腰を入れていく姿勢を鮮明に示すものだった。

なかでもグローバルなレベルで積極的に推進されたのがヨガの振興だった。ＡＹＵＳＨ省発足の翌月に当たる二〇一四年一二月。国連で六月二一日を「国際ヨガの日」とする決議案が採択された。翌二〇一五年にはこの日にヨガを行うイベントが世界各地で行われ、当時の潘基《パンギ》文《ムン》・国連事務総長もニューヨークで参加した。インドでは、デリー中心部でおおぜいの参加者に混じりモディ首相もヨガを実践した。以降、毎年六月二一日にはヨガ関連イベントが行われている。

　ヨガは二〇世紀前半にインド人のヨガ行者によって米欧に伝えられ、心身を整える健康法として広まっていった。ヨガにはさまざまな流派があるし、今日に至るまでインドでヨガを学ぶ外国人インストラクターも多くいるので一概には言えないが、普及の過程でよりエクササイズ的な側面が中心になっていった感は否めない。インド政府の取り組みは、世界中で多くの愛好家がいるまでになったヨガの価値に着目し、これが古来継承されてきたインド発の伝統であることをアピールすることで自国の魅力を高めるものだと言える。国力について論じる際に、軍事力や経済力といった「ハードパワー」に対し、伝統文化やポップカルチャー、学術や知識などが「ソフトパワー」と捉えられるようになって久しいが、インドのヨガ振興は「伝統」を強く意識したソフトパワー外交と言える。

伝統回帰の傾向は、政治の場でも現れている。インドは一四億を超える膨大な人口ゆえに、「世界最大の民主主義国」と言われる。一九四七年の独立以来、非常事態宣言が布かれた七〇年代後半の一時期を除き一貫して民主主義を実践し、選挙で代表者を選ぶシステムが機能している。独立から間もない時点で約三億六〇〇〇万だった総人口のうち読み書きができる者はわずか一八％（一九五一年国勢調査）だったにもかかわらず、インドは民主制を国の根幹に据え、それを継続してきた。パキスタンやバングラデシュ、ネパールといった近隣国では度重なるクーデターや政体の転換があったことを考えると、インドの実績は際立っている。

　そのインドが近年、政治形態について新たな主張を展開している。自分たちこそが「民主主義の母」だというのだ。モディ首相が二〇二一年九月にニューヨークの国連総会で行った一般討論演説で、インドは「民主主義の母である」と述べたのを機に、さまざまな場面でこの論が言及されるようになった。前述したG20でも、いくつかのメッセージの中に「民主主義の母がG20をホストする」というものがあり、この主張を対外的にも積極的に発信しようとしていることがうかがえる。

　では、インドは何を根拠に自分たちが「民主主義の母」だと言っているのか。G20ニューデリー・サミットに際しインド政府が作成・配付した「バーラト　民主主義の母」という冊子がある。これによると、古代インドでは合議制で意思決定をする村落があったことや、王といえども独断で決定を下すことはできなかったこと、多元主義や寛容の精神の存在などが列挙されている。西洋的な現在の民主主義を否定するとまでは言わないにしても、イギリスが来るはるか前からインドには民主主義の要素が存在したというわけだ。

ところで、「民主主義の母」論の冊子のタイトルは「インド（India）」ではなく「バーラト（Bharat）」だったことにお気づきだろうか。Ｇ20サミットでインドのムルム大統領が参加国に送った招待状でも「インド」ではなく「バーラト」という呼称を使っていたし、サミットの会場でもモディ首相の前には「ＢＨＡＲＡＴ」と記されたプレートが置かれていた。インドは外から付けられた呼称で、本来の国名はバーラトなのだ、というわけだ。ヒンディー語ではバーラトが用いられているので、これ自体に問題があるわけではない。独立後に採択されたインド憲法でも、第一編第一条で「インドすなわちバーラトは……」となっている。「インド／バーラト」の関係は、日本の「ジャパン／ニホン（ニッポン）」に通じるところがあるだろう。ただ、「インド」を完全にやめて「バーラト」に一本化するとなれば、大きな論争が起きることは必至だ。実際、Ｇ20でバーラトが用いられたときも、賛否両論が巻き起こった。そもそも「バーラト」とは、古代インドの「バラタ族」に由来し、「バラタ族の国土」は「バーラタバルシャ」と呼ばれていた。インドの呼称としては他にも「ヒンドゥスターン」「ヒンド」があるが、「バーラト」は自国の歴史の原点にまで遡ろうとするものであり、ここでも伝統回帰の潮流を見ることができる。

現代に直結する神話――叙事詩『ラーマーヤナ』と『マハーバーラタ』

古代と現代の関係もさることながら、インドでは神話と歴史も密接につながったものとして捉えられている感がある。そして神話は現代においても社会や人びとの生活に大きな意味を持っている。とりわけ『ラーマーヤナ』と『マハーバーラタ』は、インドとインド人を理解する上で不可欠の二大叙事詩だ。インド現職外相のS・ジャイシャンカルは『インド外交の流儀』（拙訳）という本でマハーバーラタの世界観や故事を通じて現代の世界やインド外交を読み解くという、いわば「マハーバーラタ外交論」に一章を割いて論じている。日本にも『日本書紀』と『古事記』があり重要な存在ではあるが、多くの日本人にとって日々の生活で意識するものではないだろう。ましてや『古事記』で日本外交を論じる試みは、まずないのではないか。

インド映画でも、作中の会話や背景に『ラーマーヤナ』と『マハーバーラタ』の要素が盛り込まれることは少なくない。とくに古代インドが舞台の作品というわけではなく、設定が現代のものでもふとしたときに二大叙事詩の逸話が登場するのだ。最近の作品の中では、『スーパー30』（コラム⑤参照）を見ていたときに『マハーバーラタ』の有名なエピソードが出てきて、なるほどこういう風に使うのかと思った。アルジュナという王子と弓の達人にして師匠のドローナ、そしてドローナに弟子入りを夢見る山の民の子エカラヴヤをめぐるもので、師は高貴な者にしか教えを授けないことが強調される。映画では、このエピソードが裕福な家に生まれた者しか恵まれた教育を受けられないのかという憤りを露わにする際に言及されていたのだ。

『ＲＲＲ』でも、まさにこの二大叙事詩の要素が随所に取り込まれていた。ラーマと許嫁《いいなずけ》のシータの関係は、『ラーマーヤナ』の主人公ラーマ王子と妻シータ姫の物語を下敷きにしている。ラーマ王子は策略に落ち森に追いやられ、一方のシータ姫はラーヴァナという魔王によって連れ去られてしまう。ラーマ王子は猿の将軍ハヌマーンらとともに、シータ姫を取り戻すべくランカー島（セイロンとされる）に乗り込んでいく、という物語だ。これになぞらえれば、『ＲＲＲ』のビームはハヌマーンの役割を担っていると言えるかもしれない。実際、作中でもビームがシータにラーマを連れてくることを約束する際、『ラーマーヤナ』の逸話に言及する台詞があった。

さらに、インド文化研究家の天竺奇譚氏は、識者から教えてもらった話として、『RRR』には『マハーバーラタ』の一部で、ヒンドゥー教最重要教典である「バガヴァッド・ギーター」の一節が使われていると記している。「あなたの職務は行為そのものにある。決してその結果にはない。行為の結果を動機としてはいけない」（第二章四七節）というくだりだ。映画の終盤に、ラーマがスコット総督に対して言い放つ台詞はこれに通じるものがある。

映画における神話の要素の表出は、古代インドの再評価が盛んな近年になって始まったものではない。インド人の意識の中に『ラーマーヤナ』や『マハーバーラタ』が深く浸透しているという意味で、現代においても伝統は重要な位置を占めているものとして理解されるべきだろう。

コラム③　世界を席巻する理系人材の宝庫とは？――『きっと、うまくいく』と『きっと、またあえる』

この二〇年で、インドに対するイメージは大きく変わった。「貧困」や「格差」、「混沌」といった側面がなくなったわけではないものの、「台頭」や「成長」、「先進的」といった切り口で語られることが格段に増えた感がある。さらに具体的な部分で、「ＩＴ産業が盛ん」「優秀な理系人材が豊富」と言及されることが多い。

そうした人材を数多く輩出しているのが、インド工科大学（ＩＩＴ）である。植民地統治末期の一九四六年に工科系の高等教育機関設置の検討がはじまり、アメリカのマサチューセッツ工科大学（ＭＩＴ）をモデルとして、独立後の一九五一年、西ベンガル州のカラグプルにＩＩＴが創立された。現在ではデリーやムンバイ、チェンナイなどインド各地に二三の分校がある（ちなみに南部のハイデラバードにあるＩＩＴは、日本政府の支援で設置されたもの）。グーグルのＣＥＯスンダル・ピチャイはＩＩＴカラグプル校、フェデックスＣＥＯのラージ・スブラマニアムやツィッター（現Ｘ）の

CEOだったパラグ・アグラワルはボンベイ校、IBMのCEOアルヴィンド・クリシュナはカーンプル校の出身である。

いきなりCEOというわけにはいかないが、IITを卒業すれば、就職には困らない。就活をするのではなく、GAFAをはじめグローバル企業のほうが金の卵を獲得しようと「採活」しにきてくれるという。日本でもメルカリや楽天がIIT卒業生を採用していることがニュースになっていた。

それだけに、IITは超難関大であり、狭き門を突破した学生はエリートと見なされる（入試をテーマにした作品もあり、第5章末のコラム⑤で取り上げる）。では、学生たちはどのような学生生活を送り、何を考え、どんなことに悩んでいるのか——。インドで二〇〇九年に公開されたヒンディー語映画**『きっと、うまくいく』**は、三人の学生を通じてインドのエリート候補生の素顔を描き出した青春群像劇であるとともに、ミステリー仕立てにもなっている大傑作だ。日本では二〇一三年に公開されたが、その後もミニシアターで時々上映される、インド映画の枠を超えて愛され続けている作品である。

『きっと、うまくいく』というのは邦題で、原題は“*3 Idiots*”という。つまり「三バカ」というわけだ。その三人、ランチョー（演じるのはアーミル・カーン）、ファルハーン、ラージューは名門理系大学で親友同士だった。通っていたのは「インペリアル工科大学（ICE）」という架空の大学だが、IITをイメージしたものだろう。物語は卒業から一〇年後という設定で始まり、ファルハーンとラージューが再会するのだが、ランチョーは卒業後に消息を絶っていた。二人はランチョーを探そうと、インド北部に位置し、イギリス植民地時代に避暑地として開発されたシムラーに向かう。

ランチョー捜索作戦と並行して展開されるのが、ICE時代の様子だ。期待と不安が入り交じった状態で入学し、入った寮でルームメイトになったのが三人の友情のはじまりだった。その中でランチョーはずば抜けて優秀で、成績はつねにトップ。だが、逆にファルハーンとラージューは最低レベルをさまよっていた。大学での授業は進んでいき、競争は熾烈《しれつ》になっていく。教授から学生たちへのプレッシャーも強い。過酷な環境に耐えきれず、脱落するだけでなくドロップアウトしたり自殺する学生もいた。成績だけで人が評価されて良いのか——そう疑問を抱いたランチョーたちは学長に反発して……といった具合にストーリーは進んでいく。ランチョーと学長の娘ピア（演じるのはカリーナ・カプール）が恋に落ちていく様子も見どころだ。

作中ではランチョーが“Aal izz well（アール・イズ・ウェル）”というフレーズをよく口にする。これは“All is well”という英語のフレーズがインドで訛《なま》ったもので、「すべてだいじょうぶ」という意味だ。邦題はこれを活かしたものだが、それまでの「踊る」とは違ったネーミングは新鮮で、『ムトゥ』とは別の意味で広く受け入れられる効果をもたらしたのではないだろうか。もちろん『きっと、うまくいく』でもダンスシーンはあり、これが作品に絶妙なアクセントを与えている。

　ネタバレは控えたいが、終盤に出てくる美しい湖について触れておきたい。雲一つない青空と山に囲まれた荒涼とした土地に、鮮やかなブルーの湖が広がっている。ここはインド最北部のラダック連邦直轄領（旧ジャンムー・カシミール州）で、中国と境界を接する場所に位置するパンゴン・ツォという湖だ。映画の大ヒットを受けて一時期インド人観光客が殺到し、「スリー・イディオッツ・レイク」と呼ばれるほどになったという。この湖自体に筆者は行ったことがないが、ラダックは何度か訪れたことがある。他のインドとは自然も文化も大きく異なり、デリーやアグラ、ヴァラナシとは違った世界を楽しめる。ぜひ訪ねてみてほしい場所だ。

　話を戻すと、IIT関連で紹介したい作品がもう一本ある。二〇一九年公開（日本は二〇年）の**『きっと、またあえる』**（原題 *Chhichhore*）だ。こちらはＩＩＴボンベイ校をモデルにした大学が舞台で、そこで展開される青春群像劇である。邦題が似ているが『きっと、うまくいく』の続編ではなく、製作陣もまったく別であるものの、理系大学という点や「人生にとってほんとうに大切なものは何か」を問うている点は、相通じるものがある。その一方で、寮対抗のスポーツ大会に熱中する学生たちの様子や、受験に失敗した者が味わう深い挫折と絶望を描くなど、独自色もある作品だ。

第4章　それでもガンディーは偉大だった

「国父」ガンディーはなぜ登場しなかったのか？

『ＲＲＲ』のエンドロールで登場する「八人の闘士」。スバース・チャンドラ・ボースやバガト・シンなど、ヒロイックな活躍を見せた指導者や革命家の肖像が次々とスクリーンに現れる。だが、そこにはインド独立運動を象徴するはずの人物が欠けていた——マハートマ・ガンディーである。

ある意味、それは当然と言えば当然だ。マハートマ・ガンディーと言えば、「非暴力」によってイギリス植民地政府から独立を勝ち取ろうとした指導者である。それに対して、『ＲＲＲ』のラーマとビームは「暴力」で戦いを挑んだのだから。「ＲＲＲ」は「Ｒｉｓｅ（蜂起）」、「Ｒｏａｒ（咆哮）」、「Ｒｅｖｏｌｔ（反乱）」の頭文字をとったものとされるが、そのいずれもガンディーには似つかわしくない。

『ＲＲＲ』でも、一瞬ではあったがビームが非暴力に目覚めかける一幕があった。作品の中盤で、捕らえられたビームがスコット総督によって公開鞭打ちの刑に処せられるシーンがある。執行するのはラーマ。その様子を上から見ていたキャサリン・バクストン総督夫人が言い放つ。「血しぶきが見えない！」。ラーマは彼女から投げ下ろされた鋭利なトゲが無数に付いた鞭で執行を再開し、ビームは苦痛に顔を歪《ゆが》めるが、それでも屈することはなかった。その過程で彼は暴力のむなしさや無意味さに気づくのだが、それが実践に移されることはなかった。その後の展開はむしろ逆で、植民地政府に武力で戦いを挑むのである。ガンディーの「不在」は多くの評論家やメディアが気になったようで、S・S・ラージャマウリ監督にこの点を問い質《ただ》している。たとえば米誌『ニューヨーカー』は彼へのインタビューで、「スバース・チャンドラ・ボースやバガト・シンのような歴史的人物を目立たせる一方で、ガンディーやアンベードカルといった非暴力の革命指導者を意図的に外したのではないか」という問いを投げかけている。これに対してラージャマウリ監督は「その質問に答えるのはうんざりしていますよ」と前置きした上でこう語っている。

「祖国の自由獲得のために命を投げ出したフリーダム・ファイターはたくさんいるのです。（中略）あのミュージカル曲〔引用者注：エッタラジェンダのこと〕では八人に光を当てることしかできませんでした。わたしが敬意を払っている人物を全員紹介するとしたら、八〇人分の尺が必要でしょうね。そうしたなかで、自分が選んだ革命指導者全員に敬意を払っていますし、ガンディージー〔引用者注：「ジー」は「〜さん」を意味する敬称〕の肖像をそこに入れなかったからといって、彼を軽視しているというわけではありません。ガンディージーには絶大な敬意を抱いていますし、それについては一点の曇りもありません。」

単に時間的スペースの問題だったかどうかは議論の余地があるだろう。三二人のフリーダム・ファイターをエンドロールで映し出した『サイラー　ナラシムハー・レッディ』とまでは行かなくても、あと数人加えようと思えばできないことはなかったはずだ。むしろあの人選は広大なインドの各地域からフリーダム・ファイターを一人ずつ紹介することに重きが置かれていたように思われる。ラージャマウリ監督にしてみれば、ガンディーは誰もが知る存在であり、「殿堂入り」扱いだったのかもしれない。ではガンディーの出身地であるグジャラート（当時はボンベイ管区の一部。現在はグジャラート州）を代表したのは誰だったかというと、ヴァッラブバーイー・パテールだった。彼は一九四七年の独立時に各地の藩王を説得してインドの一体性を保つという重大な任務を成し遂げた人物で、初代内相兼副首相を務めた。「豪腕政治家」のイメージが強いパテールだが、インド国民会議の最高幹部のひとりとしてガンディーを支え続けたことでも知られている。ガンディーが独創的で卓越した指導者であったことは間違いないが、パテールやネルーらインド国民会議の幹部の働きがあってこそ組織として機能し、長期にわたる闘争を可能にしたと言えるのではないだろうか。

映画『ガンジー』で蘇った「マハートマ」

では、ここまで「『ＲＲＲ』での不在」が注目されるガンディーとは、そもそもどのような存在だったのか。「聖人」のイメージで語られてきた彼は、実際にはどんな人物だったのか。「非暴力」で知られるが、それは単なる「無抵抗主義」だったのか。どういったかたちで実践されたのか。そして結局のところ、インドの独立達成の中で彼の思想と行動はどこまで意味があったのか――。

ガンディーは自伝をはじめ複数の著書があるし、新聞に発表した論考やさまざまな人物と交わした書簡などから彼の考えや行動の意図を知ることができる。ガンディーと行動をともにしたインド国民会議の仲間から彼と対立した人びとまで、多くの関係者が彼について書き記している。そして膨大な数の評伝や研究書がある。そうしたガンディー論の蓄積を参照しつつも、やはり本書においては映画を軸に彼の生涯を見ていくことにしよう。

ガンディーの生涯を描いた映画と言えば、何と言っても一九八二年公開の『ガンジー』が挙げられる。イギリス・インド・アメリカ合作の作品で、ロケの多くはインドで行われ、群衆が集まるシーンなどで多数のインド人がエキストラとして参加している。だが、監督はじめ製作チーム、そして主演の俳優はほとんどイギリス人であり、純粋なインド映画ではないことを断っておく（作中には歌やダンスのシーンもない）。ただ、長さは三時間八分と、インド映画並だ。それでもガンディーの後半生の描写はかなり駆け足になっており、もっと長くしても良いのではと感じたほどだ。

監督のリチャード・アッテンボローは一九四〇年代から俳優として活躍し、日本でも馴染みのある作品としては『ジュラシック・パーク』『ロスト・ワールド／ジュラシック・パーク』にも出演している。一九六〇年代末から監督も務めるようになり、『ガンジー』は五作目だった（製作兼任）。一九八七年には南アフリカのアパルトヘイトをテーマにした『遠い夜明け』（主演はデンゼル・ワシントンと『美女と野獣〈実写版〉』のケヴィン・クライン）でも監督を務めた。ガンディーの映画を製作する構想は一九六〇年代から温めていたが、企画実現までには幾多の困難を乗り越えなくてはならなかったという。テーマがテーマだけに、インド側からの協力が不可欠になる。ところが、ジャワーハルラール・ネルー首相の死去（一九六四年）や娘のインディラ・ガンディー首相による非常事態宣言（一九七五〜七七年）によって製作の中断を余儀なくされたこともあった。

キャストで最大の焦点は、当然ながら誰がガンディーを演じるかだった。選ばれたのは、ベン・キングズレーというイギリス人俳優だった。彼は一九四三年、イギリスのヨークシ

映画『ガンジー』で名演を見せたキングズレー。各賞を総なめにし、インドの外国映画興行記録を更新した ©Columbia/Photofest/AFLO

ャーで生まれた。母はイギリス人だったが、父方はインド・グジャラート西部ジャームナガルにルーツがあった。ガンディーもグジャラート出身であり、不思議な縁を感じる。それにしても、これは「はまり役」だった。映画の中でも米誌『ライフ』の女性写真家が彼を撮影していたシーンがあったが、二〇世紀前半を生きたガンディーについては、多くの写真やモノクロの映像が残っている。それと見比べても、キングズレーが演じるガンディーは、本物のガンディーが蘇ったかのような印象さえ抱くほど瓜二つだった。キングズレーはその後、『シンドラーの

リスト』（一九九三年）や『アイアンマン3』（二〇一三年）など、主演以外にも幅広いジャンルの作品に出演している。

なお、『ガンジー』は一九八三年の米アカデミー賞で、作品賞、監督賞、主演男優賞、脚本賞など八部門でオスカーを獲得したほか、ゴールデン・グローブ賞や英アカデミー賞など主要映画賞できわめて高い評価を得ている。

ガンディー・ビフォー・マハートマ

『ガンジー』は、衝撃的なシーンで幕を開ける。老いたガンディーが両脇を女性に抱えられながら、建物を出てゆっくりと歩いていく。場所は首都デリーで彼が滞在していたビルラー邸だ。広々とした庭にはガンディーを一目見ようと多くの民衆が詰めかけており、彼はその中に入っていく。そのとき、ひとりの若い男性が姿を現した。手を合わせてから身体を屈め、ガンディーの足に手を触れて敬意を表す。それもつかの間、男性は立ち上がり手にした拳銃で、至近距離から無言のまま銃弾を三発ガンディーに撃ち込む。ガンディーは崩れ落ち、最期の言葉を発する――「おお《ヘイ》、神よ《ラーム》」。一九四八年一月三〇日、享年七八だった。

デリー中心部で行われたガンディーの葬儀のシーンでは、膨大な数の民衆——CGがある時代ではなく、三〇万人のエキストラを動員したと言われる——が詰めかけ、「国父」の突然かつ悲劇的な死を悼む様子が描かれていた。

その次は時代を一気に遡り、一八九三年の南アフリカに舞台が変わる。夜行列車の一等席にひとりの青年が乗っている。口ひげをたくわえた黒髪のインド人のようだが、スーツを着こなし、英国紳士のような雰囲気を醸し出している。これが若き日のガンディーだ。あの坊主頭で丸眼鏡をかけ、白い布一枚を羽織り、細長い杖を手にして歩いて行く「聖者」ガンディーとは似ても似つかない。言われなければ同一人物だとは思わないだろう。それに、なぜイギリスでもインドでもなく、南アフリカなのか。

南アフリカで弁護士として活動していた頃のガンディー。インド系移民の権利回復運動を開始
出典：WIKIMEDIA COMMONS

夜行列車の顚末《てんまつ》はガンディーの非暴力闘争の原点になるのだが、その前に彼がなぜ南アフリカに来ることになったかについて記そう。この部分は映画では描かれていないが、ガンディーという人物、さらには当時のインドやその他のイギリス植民地が置かれていた状況を考える上で避けるわけにはいかないからだ。ガンディーは一八六九年一〇月二日、英領インドのグジャラート地方にある小藩王国、ポールバンダルで生まれた。父カラムチャンド・ガンディーは、藩王国の宰相をしていた。ガンディーは五人きょうだいの末っ子で、地元の学校に通っていたころは喫煙や肉食もするなど、不良少年だったようだ。なお、一三歳のときには、同い年のカストゥルバと結婚している（これは本人同士の恋愛結婚ではなく、幼児婚の慣習によるものだった）。

ここでガンディーの名前についても補足しておこう。ガンディーは「マハートマ」と呼ばれるが、これは彼のファーストネームではない。本名はモーハンダース・カラムチャンド・ガンディーという。「マハートマ」とは、「マハー（偉大な）」と「アートマン（魂）」を合わせたもので、「偉大なる魂」を意味する敬称である。アジア人として初めてノーベル文学賞を受賞したベンガルの詩人、ラビンドラナート・タゴールが一九一五年にガンディーに捧げたとされるが、それ以前から用いられていたという説もある。いずれにしても、「マハートマ」と言えばガンディー以外にないほど彼と不可分の呼称になっている。

一八歳のとき、ガンディーはイギリスに留学する。ユニバーシティ・カレッジ・ロンドン（ＵＣＬ）で学んだ後、法廷弁護士資格を取得するべく、インナー・テンプル法曹院で勉学に励んだ。つまり、彼もまた植民地支配の下で、典型的なインド人エリートとしての道を歩もうとしていたのである。祖国を発ってから三年後の一八九一年六月、ガンディーは二一歳で弁護士資格を取得した。その後インドに帰国したものの、自分の方向性が定まっていなかったようで、当時実家があったグジャラートのラージコートで無為の日々を過ごしていた。

そんなとき、あるムスリム商人から仕事のオファーが舞い込んだ。南アフリカにいる親戚が現地で経営する企業の関係で弁護士を必要としているがどうか、とのことだった。期間は一年の予定で、報酬も悪くなかった。彼はオファーを受けることにし、家族とともにインドを出発した。一八九三年のことだった。

転機となった南アでの経験

映画の夜行列車のシーンに話を戻そう。ガンディーは弁護士としての仕事のため、クライアントのもとに行こうとしていた。彼は切符を買って一等車に乗っていたが、それを見た白人の乗客が車掌に苦情を言った。それを受けて車掌はガンディーに対し、席を移るよう命じる。当時の南アフリカはインドと同様にイギリスの植民地で、白人優遇が徹底しており、現地の黒人のみならずインド人のような有色人種はきわめて差別的な扱いがなされていた（なお、「アパルトヘイト」という言葉が広く用いられるようになるのは一九四〇年代後半以降のことである）。インド人が一等車に乗ることなどもってのほかだった。

　しかしガンディーは車掌の要求に反論した。自分はたしかに一等車の切符を持っており、ここに座っている権利がある、と。結局ガンディーは途中の停車駅ピーターマリッツバーグで車両から放り出され、無人の駅待合室で一夜を明かすことになるのだが、この露骨な人種差別経験が彼を目覚めさせることになった。

　ガンディーが具体的なアクションを起こしたのは、「アジア人登録法」反対運動だった。これは一九〇七年に南アで施行された法律で、八歳以上のインド人に指紋を登録させ、登録証の携行を義務づける人種差別的な性格の強いものだった。映画ではガンディーが一九〇八年に広場で集会を開き、この登録証を焼却するシーンがある。政府庁舎を襲撃するのでもなく、治安部隊と激しく衝突するのでもなく、静かな抗議行動だった。「サティヤーグラハ」と呼ばれる、ガンディー流の不服従運動の幕開けである。彼は当局に初めて逮捕されるが、それもまた彼の闘争の一部だった。

　ただ、このときのガンディーは、まだカリスマ的な存在ではなかったようだ。集会で演説する彼は明らかに固く、聴衆が心を動かされているようにはとても見えなかった（協力者から「君は文章は上手いが演説は下手だ」と言われるほどだった）。身なりも列車のときと同じ、スーツ姿だった。しかしこれ以降、彼は民族運動の指導者へと成長を遂げていく。そのスタイルは、当時の感覚からすると独特だった。一九〇三年に創刊した新聞『インディアン・オピニオン』での言論活動や民衆とのデモ行進のほか、断食による抗議活動も展開した。さらに、友人のヘルマン・カレンバッハの協力を得てヨハネスブルク近郊に「トルストイ農場」という共同体を立ち上げ、簡素な生活や菜食、禁欲を実践することもした。

南アでの彼の活躍はインド本国でも大きく報じられ、ガンディーの帰国を求める声が高まっていった。インド国民会議幹部のゴーパール・クリシュナ・ゴーカレーの求めに応えるかたちで、ガンディーは一九一五年、祖国に戻ってきた。ボンベイ港の船着き場にはおおぜいの民衆が迎えに来ていた。船から姿を現したガンディーは、白い布をまとっただけの、「あの」ガンディーになっていた。南アフリカでの滞在は当初一年の予定だったが、出発から二一年あまりが経過していた。

「塩の行進」のインパクト

映画で描かれたガンディーを見ていると、彼はつねに「形成過程」にあったことに気づかされる。一九二一年までの半生について記した自伝に、*The Story of My Experiments with Truth*、つまり『真理についてのわが実験の物語』というタイトルを付けたことからもわかるように、ガンディーは自らが考える真理を生涯を通じて実践し、そこから学びを得て、次の実践に移していった。その実践は断食や禁欲のような個人的なものもあれば、民衆の中に入ること、あるいは民衆とともに行うものもあった。

帰国したガンディーはインド国民会議に迎え入れられ、そこでジャワーハルラール・ネルーやヴァッラブバーイー・パテール、モーラナ・アーザードといった幹部と関係を構築していく。しかし彼がその後したことは、地方行脚だった。広大なインドを周り、植民地支配の実態を目撃し、民の声に耳を傾け、何が問題なのかを考えていく。その過程が映画ではよく描かれていた。それは、エリートや知識人が主体だったインド国民会議を、より大衆的な組織へと拡大させることにもつながった。ただ、実験には成功もあれば失敗もある。非協力運動が思うような成果を挙げることができず、中止したこともあった。それでも、ガンディーが主導した運動はじわじわとイギリス植民地政府を追い詰めていった。

ガンディーの非暴力闘争を象徴するのが、一九三〇年の「塩の行進」だ。当時、塩は植民地政府による専売であり、民が勝手に製造・販売することはできなかった。ガンディーはそれに異を唱えた。三月一二日から四月六日までの二六日間にわたり、グジャラートのアーメダバードからダーンディー海岸までの約三九〇キロメートルを行進するという抗議行動を起こしたのである。女性詩人で独立運動活動家としても有名なサロジニ・ナイドゥーも途中から合流した。

なぜガンディーは塩を問題にしたのか。それは、塩という誰にとっても身近で生きていくために不可欠の食品が植民地政府の統制下にあることを浮き彫りにし、独立運動とはまさにそれを取り戻そうとするものなのだと示すためだった。作中でガンディーが自分たちで作った塩を手にし、「この塩はインド人の権利だ」と語っていたのはそういう意味だった。民族主義や自由といった抽象的な観点よりも、塩は民衆に「刺さった」のである。

「塩の行進」は、宗教を超えた連帯という点でも大きな意味を持っていた。いかなる宗教を信じる者でも、塩が必要なことには変わりがない。ヒンドゥーもムスリムも他の信徒もわだかまりなく参加出来る運動、それが「塩の行進」だったのである。

映画では、ガンディーを先頭にアーメダバードから行進が始まり、各地から参加者が合

78名の弟子とともに始まった行進は数千人に膨れ上がり、1日15キロの道のりを誰よりも速く歩いたというガンディー。海岸に辿り着くと、海水から当局が自由に作ることを禁じていた塩を作り始めた ©AFP=時事

流してダーンディーの海岸に向かっていく様子が描かれている。ひとりの人間によって始まった行動が誰にも止められないほどの奔流となっていくさまは圧巻だった。そしてガンディーが言う。「刺激し続ける／法律を変えるまで刺激し続けるのだ／彼らに主導権はない／われわれにあるのだ／それが市民的抵抗の強さなのだ。」

　次にガンディーたちが計画したのは、ダーンディー海岸から四〇キロメートル南に位置するダラサナの製塩所への抗議行動だった。「塩の行進」のときもそうだったが、ガンディーはインド総督のアーウィン卿に手紙を書き、あえて計画について予告していた。これを受けて植民地当局は計画の実行前にガンディーを逮捕するのだが、それによって計画はさらに注目を集めることになった。それでも一九三〇年五月に抗議行動は始まり、製塩所付近にデモ隊が整列した。六〜七人が一列になって向かっていくと、製塩所前の警備員はラーティーと呼ばれる細長い警棒をデモ隊に向かって振り下ろす。デモ隊は苦痛に顔をゆがめ、うめき声を上げるが、反撃はしない。彼らは救助・看護役として控えていた女性たちに運ばれるが、次の一列がまた向かっていき、同じ仕打ちを受ける。さらに次の一列が向かい……という行動が繰り返される。この非暴力活動は無抵抗といえば無抵抗なのだが、けっして受動的なものではなかった。強固な意志の強さを感じさせる、「闘争的非暴力」とでも言うべき行動だったのである。

インド独立運動におけるガンディーの闘争の特徴は、相手を「困らせること」にあったのではないかと筆者は考えている。植民地政府の支配者にしてみれば、むしろ武力やテロのほうが対処しやすかったと言える。「目には目を、歯には歯を」で、武力で鎮圧すれば良いからだ。「『目には目を』では世界中が盲目になるではないか」というガンディーが言ったとされる言葉があるが、武力に訴えないことで相手にも武力を使いにくくさせたのである。映画では、アーウィン卿が「塩の行進」について報告を受けたとき、苦々しさと困惑が入り交じった表情を見せていたのが印象的だった。

結局、当局は一九三一年にガンディーを釈放することになるが、それだけではなかった。同年三月にアーウィン卿がガンディーと直接会談を行い、「ガンディー・アーウィン協定」が結ばれた。ガンディー側の不服従運動の停止が盛り込まれたように、これはいわば休戦協定だったが、政治犯の釈放や同年末にロンドンで開かれるインドの将来の自治についての第二次円卓会議へのインド国民会議の参加についても合意がなされた。「不服従」や「非協力」と言っても、独立を認めないかぎり植民地政府とはいっさい交渉しないというわけではなく、ガンディーは闘争を展開する一方で協議にも応じる、硬軟取り混ぜた姿勢で臨んでいたのである。

ネルーの「完全独立」要求とイギリスの懐柔策

ただ、こうした展開の背景にはイギリス側にインド国民会議を懐柔しようとするねらいがあったことも踏まえておく必要がある。当時、インド国民会議では急進派が主導権を握り、即時独立を要求する方針を採択していた。少なくともこの時点では、イギリスはガンディーと直接話をすることで独立運動の過熱を抑えようとしたとも言える。このあたりの

ガンディーと話す初代インド首相となるネルー。この後、「インドを引き裂いてはならない」というガンディーの願いは潰え、1947年8月14日にパキスタンが、次の日にインドが独立する ©AFP=時事

展開は複雑かつ地味なこともあってか映画ではほとんど触れられていないが、独立に至るプロセスの中ではかなり重要な局面である。

イギリスは一九二七年にインドの自治について調査を行うべく委員会を立ち上げたが、委員長のジョン・サイモン以下八人全員がイギリス人だったことから、インドでは国民会議はじめ政治団体が猛反発した。サイモン委員会は翌二八年にインドを訪問したが、一行がボンベイ港に到着すると、「サイモンは帰れ」と記された横断幕で迎えられたという。

第1章で独立運動指導者のララ

ー・ラージパト・ラーイがデモ中にイギリス人警官から殴打されて死亡したことに触れたが、このデモはサイモン委員会がラホールを訪問した際に抗議のために決行されたものだった。

委員会は一九三〇年に報告書を提出するが、そこで示された「自治」の中身は限定的で、とてもではないが国民会議が受け入れられるものではなかった。そこで国民会議側は、モーティーラール・ネルー（ジャワーハルラール・ネルーの父）が中心となって独自の報告書を作成し、「自治領《ドミニオン》」の付与を要求した。自治領とはイギリス国王（女王）を君主に戴いた上で域内の自治を認めるもので、カナダやオーストラリア、ニュージーランドなどの大英帝国領で実施されていた。

実はすでにインド総督のアーウィン卿も一九二九年の時点で将来の「自治領付与」を約束してはいたものの、期限は特定されておらず内容も曖昧だったため、インド国民会議はこれを明確に要求したのだった。しかしイギリス側は応じない。その結果、国民会議内部で急進派が台頭し、自治領ではなく大英帝国とはいっさい関係を持たない独立を目指すべきだという主張が支持を拡大していった。これをリードしたのはジャワーハルラール・ネルー、そしてスバース・チャンドラ・ボースだった。ネルーは一九二九年一二月末から翌三〇年一月にラホールで開かれた国民会議の大会で「完全独立」を意味する「プールナ・スワラージ」を提唱し、投票の結果これが方針として採択された。

このときガンディーはどのような立場だったのだろうか。意外に思われるかもしれないが、この時点での彼は「完全独立」ではなく「自治領」支持派で、ラホール大会でも「二年以内の自治領化」をイギリスに要求する動議を提出していた。それでは生ぬるいとした急進派から賛同を取り付けようと、「一年以内」に短縮して要求をより鮮明にしようともしたが、結局この方向でコンセンサスに至ることはなかった。「塩の行進」が始まるのはこの約二カ月半後だが、当時の国民会議の中でガンディーは主流派ではなかったことは踏まえておくべきだろう。映画では、他の多くがしていたように、ネルーはガンディーのことを「バプー（父さん）」と呼んで親愛の情を表していた。それはどのような状況でも変わることはなかったが、このように活動方針をめぐっては意見が対立することもあったのである。

こうしたインド国民会議の先鋭化に対し、イギリス側は懐柔策を繰り出してきた。国民会議がラホールで大会を開いていた頃、インド総督アーウィン卿は、ロンドンで円卓会議を開き、インドの将来についてインド側の指導者と協議をすると発表した。一九三〇年一一月から翌三一年一月にかけて開かれた第一回円卓会議には、インド国民会議は代表を派遣しなかった。「プールナ・スワラージ」を要求する以上、「自治」を協議することに意義を見出さなかったからである。しかし一九三一年九月から始まった第二回円卓会議では、状況が違っていた。「塩の行進」後の逮捕・投獄を経て、アーウィン卿と合意を結んだガンディーが加わったのである。ただ、インド国民会議からの出席者は彼ひとりだった。このことからも、当時の国民会議が強硬な姿勢をとっていたことがうかがえる。

二度にわたる円卓会議を開いても、肝心のインド独立に向けた動きが前進したというわけではなかった（一九三二年に三回目の円卓会議も開かれたが、出席者は減り、目立った成果はなかった）。サイモン委員会の報告書もインド側からは総スカンを食らった。それでもこの時期、当時の状況下はもちろん、独立後のインド政治にとっても重要な出来事があったことは見過ごしてはならない。一九三七年に、当時の憲法と言うべき「一九三五年インド統治法」が施行されるのだが、そこで定められた州レベルの議会選挙はサイモン委員会報告書の勧告にもとづいたものだった。これを受けて一九三六年から三七年に一一の州で実施された州議会選挙では、一一州中七州でインド国民会議が多数派となり、州政権を構築した（英領インドでは限定的ながら一九二〇年から中央の立法評議会や州議会の選挙が実施されており、インド国民会議はボイコットした時もあったが、概《おおむ》ね参加していた）。独立運動組織としてだけではなく、政党として選挙に臨み、州レベルとはいえ統治を担ったことで行政経験を積んだことは、独立後に「世界最大の民主主義国」と呼ばれる政体を創り上げることができた大きな要因になったと言える。

ガンディーが「生涯説得できなかった」人物

　ガンディーに話を戻そう。一九一五年に帰国すると、彼はゴーカレーの案内でさっそくインド国民会議の幹部グループに紹介された。その中に、ムハンマド・アリー・ジンナーというムスリムがいた。映画では、長身をベージュ色のスーツに包み、エリート然とした彼は、警戒するような硬い姿勢でガンディーに接していたのが印象的だった。ガンディーは生前、「自分の生涯で説得できなかった人」がいると語っていたが、それがこのジンナーだった。彼は一九四七年のインドとパキスタンという「分離独立」のキープレイヤーとなる指導者である。

　他の多くのインド人エリートと同様、ジンナーもイギリスに留学し、法廷弁護士資格を取得した。一九歳での取得は当時のインド人としては最年少だったという。帰国した彼はボンベイで法律事務所を開き弁護士業を営むが、しだいに政治問題への関心を強めていく。そこで最初に彼が参加したのは、やはり最大の政治組織であるインド国民会議だった。その後彼は一九一三年に、「全インド・ムスリム連盟」にも参加する。いわば「二重党籍」を持ったということになる。一九一六年にムスリム連盟の総裁に就任したジンナーは、国民会議と連盟の協力を定めた「ラクナウ協定」を実現するなど、当初はヒンドゥーとムスリムの連携を推進する、橋渡し役でもあった。しかし、彼は体制内改革を指向する立場から大衆運動には否定的で、しだいにガンディーが進めるサティヤーグラハ運動に反発を強めていく。一九二〇年には国民会議から離脱し、ムスリム連盟の活動に専念することにした。

イギリスとの関係を見ても、ジンナーは協力的とは言わないまでも、一定の理解を示していた。一九三〇年から三一年に二回にわたり開かれた円卓会議にはいずれもムスリム連盟代表として参加しているし、二五年には中央立法評議会議員としての貢献が評価されて、時のインド総督レディングからナイトの称号をオファーされている（ジンナーは辞退）。

一方、イギリス側も、分割統治の一環としてムスリムを優遇した。一九〇九年にインド参事会法が改正され（当時のインド担当相とインド総督の名を取って「モーリー＝ミントー改革」と呼ばれる）、総督の諮問機関的存在だったインド参事会のメンバーの一部を選挙で選ぶことになった。その中で、ムスリム連盟の要求を受け入れて、ムスリムだけの選挙区が設定されたのである（これが後のパキスタン分離の原点になった）。遡れば、ムスリム連盟自体、ヒンドゥーが多いインド国民会議の勢力伸長に歯止めをかける組織として、総督ミントーが設立を支援したとされる。

一九三〇年代に入ると、インド亜大陸、つまり英領インドにおいてムスリムのためのホームランドを建設しようという構想が出てくる。これが「パキスタン」で、「清浄な国」を意味するとともに、Ｐ＝Punjab（パンジャーブ）、Ａ＝Afghan（ここでは国としてのアフガニスタンではなく、北西辺境州のことを指す）、Ｋ＝Kashmir（カシミール）、Ｓ＝Sindh（シンド）、ＴＡＮ＝Baluchstan（バローチスタン）という、ムスリムが多い地域の頭文字を取ったものでもあった。一九四〇年三月にラホールで開かれたムスリム連盟の大会では、ヒンドゥーとムスリムは別の民族であるという「二民族論」の考え方にもとづき、パキスタンの創設を求める決議が採択された。ただ、この時点で想定されていたのは連邦制の下でインドに留まるパキスタンであって、独立国家が指向されていたわけではなかった。

「二民族論」を唱えるジンナーには、分離独立を避けようとしたガンディーの説得も通用しなかった。皮肉にも3年後、ガンディーはヒンドゥー原理主義者の凶弾に斃れる 出典：WIKIMEDIA COMMONS

インドとは別の道を歩もうとするジンナーに対し、ガンディーは思いとどまるよう説得を試みる。映画では、ガンディーが「ヒンドゥーとムスリムはインドの右目と左目だ、どちらも平等なのだ」と語りかけるシーンがあった。だが、それに対してジンナーは「（ガンディーが）そう思っているだけで、現実は違う」と冷たく言い返すだけだった。一九四四年九月九日に、ガンディーがボンベイでジンナーと会談したときの白黒フィルムが残されている。これを見ると、ガンディーは親しげにジンナーの肩を抱いているが、ジンナーの腕は下ろされたままだった。二人の溝は埋まるどころか、逆に深まる一方だったのである。

「不可触民」をめぐるアンベードカルとの見解の相違

『ガンジー』はガンディーの人生をかなり忠実に再現しているが、作品で触れられていない重要な側面がいくつかある。そのひとつが「カースト」、とくに「不可触民」をめぐる問題だ。ヒンドゥー教にはカースト制度があり、僧侶階級のブラーミン（バラモン）を頂点に、クシャトリア（王族・武人）、バイシャ（庶民）、シュードラ（隷属民）の四種姓に分かれていることはよく知られている。しかしそこで終わりではなく、さらに下に位置づけられる、「不可触民《アンタッチャブル》」ないし「アウトカースト」と呼ばれた被差別民がいた。四種姓は「色」を意味する「ヴァルナ」と総称されるが、さらに世襲的な職業にもとづく「ジャーティ」というコミュニティの概念があり、その数は数千にも及ぶ。不可触民の場合、ジャーティは皮革業や食肉処理業、清掃業、洗濯業など、当時のインドでは下に見られていた職業が含まれた。

二〇世紀前半のインドでは、独立運動だけでなく不可触民解放運動も展開された。そこで中心的な役割を担ったのが、ビームラーオ・アンベードカルである。彼自身も不可触民の出身で、国内の大学を卒業後、アメリカのコロンビア大学で博士号を取得し、イギリスにも留学して弁護士資格を取得した。帰国後は、運動のリーダーとして不可触民解放実現に心血を注いだ。

二〇〇〇年公開のインド映画『バーバーサーヒブ・アンベードカル博士（*DR. BABASAHEB AMBEDKAR*）』は、タイトルのとおり彼の生涯を描いた伝記映画である。なお、「バーバーサーヒブ」はアンベードカルの敬称で、「師父」を意味する。作品で興味深かったのが、ガンディーとの関係だ。はじめてガンディーと対話した際、アンベードカルが「わたしには『祖国《ホームランド》』がない」と繰り返し訴えるシーンがある。だがガンディーにはいまひとつ響かず、むしろ両者の間には緊張感すら漂っていた。

ガンディー自身も不可触民問題を重視し、差別解消に取り組んではいた。彼は不可触民を「ハリジャン（神の子）」と呼び、同名の新聞を発行してもいた。しかしガンディーはカーストそのものの撤廃までは考えていなかったようだ。その点で、『カーストの絶滅』という本を書いたアンベードカルとの溝は深かったと言える。映画でも二人の距離が縮まることはなかった。

インドが独立すると、アンベードカルは初代法相に就任するとともに、憲法草案起草委員会の委員長にも任ぜられた。一九五〇年一月二六日に施行されたインド憲法には、カーストによる差別の禁止や、不可触民を指す「指定カースト」だけが立候補できる選挙区の設置が盛り込まれたが、これはまさにアンベードカルの遺産だと言える。

しかし憲法で差別が禁止されたからといっても、ただちに現実が変わるわけではなかったし、カーストの存在自体が否定されたわけでもなかった。そこでアンベードカルは重大な決断をした。ヒンドゥー教徒であることをやめ、仏教に改宗したのである。一九五六年一〇月、彼は改宗を実行に移し、五〇万人の旧「不可触民」もそれに続いた。彼がこの世を去ったのは、それから二カ月後のことである。享年六五だった。

「独立」をめぐる最後の攻防

独立運動に話を戻そう。一九四五年八月、日本が降伏したことで第二次世界大戦が終結した。それは同時に、列強による植民地支配の終焉の幕開けも意味していた。ネルーらインド国民会議もジンナーのムスリム連盟も、独立に向けた動きを加速させていった。イギリス側は一種の連邦制案を提示したが、中央政府の権限が限定的であることに懸念を抱いた国民会議側が納得せず、採用は見送られた。一九四六年九月にはイギリス撤退後の政体を準備するための「中間政府」が発足したが、国民会議のメンバーが多数を占めており、一〇月にはムスリム連盟も参加したものの、ジンナーらは不満を募らせていった。

インドとパキスタンの分離独立が現実味を帯びるなか、ガンディーはなんとかして「統一インド」を維持しようと、ジンナーにこう語りかける――「きみにインド初代首相になってもらいたい」。ヒンドゥー教徒が多数派のインドにあって、首相をムスリムであるジンナーに任せるというのだ。同席したネルーら国民会議幹部も、それでもかまわないという姿勢を示した。だが、ジンナーは首を縦に振らなかった。

一九四七年六月、「最後の総督」マウントバッテンがインドとパキスタンの分離独立案の採用を決断した。北西辺境州、バローチスタン、シンド、それに二分割されたパンジャーブ州の西側が「西パキスタン」となった。ベンガル州も二分割され、西側がインドの西ベンガル州に、東側が「東パキスタン」となった。この東西パキスタンが「パキスタン」として独立することになったのである（なお、一九七一年に東パキスタンは「バングラデシュ」として独立する）。

大枠は固まったとしても、具体的に国境線はどうするのかという問題があった。ムスリム多住地域を分けるといっても現実にはそう簡単にいかない。分割されるパンジャーブ州の場合、ヒンドゥーとムスリムに加え、シーク教徒も多い。これについてイギリスはシリル・ラドクリフという弁護士を派遣して国境画定作業に当たらせるのだが、彼はそれまでインドについて経験があったわけではまったくなかった上に、きわめて限られた時間の中で作業を進めなくてはならなかった。国境線が決まったら決まったで、大混乱が生じた。パキスタン側になった地域からはヒンドゥー教徒とシーク教徒がインドへ、インド側になった地域からはムスリムがパキスタンへと大移動を始めたのである。映画でも、無数の人びとが家財道具を抱えて徒歩や荷車で移動する様子が描かれていた。それだけでも苦難の道のりなのだが、この大移動ではあちこちで衝突が起こり、多数の死傷者が出る事態になった。

このように、最後の最後に分離独立というかたちで決着したというのが定説だが、これとは違った見方もある。イギリスが一九四五年の時点で、ジンナーに対して独立国家としてのパキスタン建国を約束していたというのだ。背景にあったのは、イギリスのウィンストン・チャーチル首相によるソ連の南下に対する警戒だという。特に、アラビア海、さらにはインド洋への出口として、シンド州のカラチ港がソ連のターゲットになると想定された。インド国民会議のネルーは社会主義へのシンパシーを抱いており、インドが独立すれば親ソ路線を取る可能性があり、スターリンの野望が実現してしまうことになりかねない。

そこでイギリスはシンドを含むパキスタンを分離させ、独立後もジンナーと良好な関係を維持することで、ソ連の企みを阻止しようとした――。

この見方に従えば、ジンナーは連邦制案やインド国民会議との交渉など眼中になく、独立に向かって突き進んでいたということになる。第2章で紹介した『英国総督　最後の家』でも、この説にもとづいたやりとりが描かれていた。ただ、これはナレンドラ・シン・サリラというマウントバッテンの個人秘書が書いた『グレートゲームの影　インドの分離独立をめぐる知られざる物語（*The Shadow of the Great Game: The Untold Story of India's Partition*）』（未邦訳）という本で示されているもので、他の資料で裏付けられているわけではない。結局のところ真偽のほどはわからないが、印パ分離独立をめぐって当時さまざまな動きがあった可能性を示唆するものであるとは言えるかもしれない。

国旗なき掲揚台

一九四七年八月一四日、先にパキスタンが独立し、翌一五日にはインドが独立する。映画では、デリーのラール・キラー（レッドフォート）の掲揚台からイギリスのユニオンジャックが降ろされ、国歌「ジャナ・ガナ・マナ」が流れる中、インド国旗が掲揚されていた。パキスタンでも、国歌「神聖なる大地に祝福あれ」の演奏に合わせて国旗掲揚が行われた。その次に、また別の掲揚台が登場するのだが、そこにはいずれの国旗もなかった。そこはガンディーが住むアーシュラムと呼ばれる場所（「道場」と訳されることが多い）だった。歓喜の声はなく、彼は黙々と糸を紡いでいた。それは分離独立という現実に対する無言の抗議であるとともに、統一インドを実現できなかった落胆の気持ちを癒やそうとしているかのようにも映った。

しかし、そのような状況に対してガンディーは座視していたわけではなかった。ヒンドゥーとムスリムの融和に向けて奔走したのである。一九四六年八月、カルカッタでヒンドゥーとムスリムによる大規模な衝突が発生し、数千人が死亡した（映画では四七年八月の印パ独立後のシーンとして描かれている）。暴力の拡大を止めるべく、ガンディーは現地に赴き、「死に至る断食」を敢行する。ガンディーを死なせるわけにはいかないと、ネルーらインド国民会議の幹部も彼のもとに駆けつける。そのとき、群衆の中から「ガンディーを殺せ！」という声が上がった。それを聞いたネルーは激昂し、「いま何と言った？　誰が言ったんだ？　殺すならわたしを殺せ！」と群衆に向かって叫ぶ。どんなときでも冷静さを失わない彼がそこまで言っていることに、ガンディーへの敬慕の念がいかに強いかがよく表れているシーンだった。ガンディーの決意の重さを受けて、ムスリム側もヒンドゥー側も暴力の停止に同意し、暴動はひとまず収束した。しかし、この暴動は双方の憎悪の根深さだけでなく、インドが統一したかたちで独立することが日増しに困難になっていることを印象づけるものでもあった。

　映画の最後は、冒頭のガンディー暗殺のシーンが繰り返される。実行犯は、ナートゥーラーム・ゴードセーというヒンドゥー教徒の男性だった。彼は「民族義勇団（RSS）」というヒンドゥー至上主義組織のメンバーで、ムスリムに融和的なガンディーの姿勢に反発していたという。ゴードセーと共犯のナーラーヤン・アープテーは裁判で死刑判決が下され、一九四九年一一月に執行された。

　ガンディー暗殺から七カ月余り経った一九四八年九月一一日、パキスタンのカラチでも指導者が息を引き取った。ジンナーである。彼は一九三〇年代から結核を患っていた。パキスタン独立前後の彼の写真を見ると、頬がこけてげっそりとしており、素人目にも体調が良くないことがわかる。建国の激務と進行する病が彼の身体を蝕《むしば》んでいた。

　東インド会社が覇権を確立したプラッシーの戦いから数えて一九〇年に及んだイギリスのインド支配はこうして幕を閉じた。だが、新たに生まれたインドとパキスタンは民族の大移動という混乱に直面しただけではなく、それぞれの「国父」を失うという波乱の船出となったのである。

コラム④　宗教対立を乗り越えることはできるか――『バジュランギおじさんと、小さな迷子』と『PK』

ガンディーをしても克服することができなかった、ヒンドゥーとムスリムの対立。英領インドからの独立は、結局はインドとパキスタンという二つの国家の誕生というかたちになったことは本章で見てきたとおりだ。

　しかし一方で、両国には文化的な共通性がある。筆者はインドのデリーに二年住んだあと、一年余り間を置いて、パキスタンのイスラマバードに赴任した。イスラマバードは建国後に首都として整備された計画都市だが、街中を移動していると、人びとの風貌や商店街の雰囲気などから、ここはインドと同じインド亜大陸なのだということを実感したものだった。言葉も、ヒンディー語とパキスタンの国語ウルドゥー語は、文字や一部の表現・語彙を別にすればほぼ同じと言って良い。

　にもかかわらず、インドとパキスタンの溝は深い。一九四七年以降、両国は三度にわたり戦火を交えてきた。過去に関係改善に向けた政府レベルの協議は行われてきたものの、その度にテロや係争地域での軍事衝突で振り出しに戻っていた。二〇一九年二月にインド側カシミールでテロが起き、治安部隊の隊員が多数犠牲になると、インドは同月、犯行主体とみられるテロリストの拠点がパキスタン側にあるとして報復攻撃を行った。そのとき以来、両国関係は冷え込んだ状態がつづいている。

ただ、個人レベルでは相互理解は不可能ではない——二〇一五年公開のヒンディー語映画**『バジュランギおじさんと、小さな迷子』**は、そんなことを感じさせてくれる作品だ。日本でも二〇一九年に公開された。

パキスタンのスルターンプルという町に、生まれつきしゃべることができないシャヒーダという六歳の少女がいた。彼女は母親に連れられて、インド・デリーにあるニザームッディンという霊験あらたかなイスラーム教の聖者廟を参拝する。その帰途、列車でインドとパキスタンの国境検問所を越える際、シャヒーダは客車から降りてしまう。彼女は別の貨物列車に乗ったのだが、たどり着いたのはインドのデリー近郊の町だった。そこで偶然出会ったパワンという男性に助けられるのだが、彼はハヌマーン（猿の神）を熱烈に信仰するヒンドゥー教徒だった。パワンはしゃべることができないシャヒーダがムスリムであることを知り、当惑する。しかし彼はそれでもシャヒーダを保護し、パキスタン側の親元に送り届けようと決意する――。

ここから物語は二人による一種のロードムービーになるのだが、密入国を扱う業者が登場するかと思えば、国境地域を担当する警察にスパイ容疑をかけられ拘束されてしまうなど、フィクションとはいえ印パ国境の現実が反映されていて興味深い。パキスタン側のシーンではカッワーリーと呼ばれるイスラーム宗教歌謡が歌われるが、国の違いを超えた文化的共通性を感じさせるものだった。パワン役を演じたサルマーン・カーンはハリウッドのベン・アフレックを彷彿とさせる大柄な俳優だが、宗教がどうこうよりシャヒーダを何としてでも送り届けるのだという想いを包容力のある演技で表現していた。

ヒンドゥーとイスラームに限らず、宗教そのものを問い直そうという作品もある。ラージクマール・ヒラニ監督とアーミル・カーン主演による『**PK**』だ。この二人は『きっと、うまくいく』でもコンビを組んでおり、『PK』でも、誰もが当たり前と見なしている常識に果敢に挑戦していた。

アーミル・カーンが演じるのは、なんと宇宙人だ。なぜか人間の形をしており、裸の状態でインドのラージャスターンの砂漠に舞い降りる。宇宙船に戻ろうにも、そのためのリモコンを人間に奪われてしまったため帰るに帰れず、地球で調査の任務を行うことにする。衣服を身につけ、しだいに会話を習得してはいったものの、傍目《はため》には奇人以外の何者でもない彼は「酔っ払い」を意味する「ＰＫ」と呼ばれるようになっていく。ＰＫは周囲から「神」こそがリモコンを探してくれると教えられ、インドのさまざまな宗教に接していくが、どうにもうまくいかない。ＰＫは「神さまが失踪中」と記したチラシを配って助けを求めていたが、そんな彼にテレビ記者の女性（演じるのはアヌシュカー・シャルマー）が興味を持つ。

見ての通り、ストーリーはかなり奇抜だ。しかし、人びとが神と崇めるものはどのような存在なのか、なぜ神を求めるのか、神の名の下に行われる宗教的儀礼にはどんな意味があるのか——。宗教をめぐるテーマはセンシティブになりがちだ。とくにインドのようにさまざまな宗教が混在し、時にそれがコンフリクトをもたらす国であれば、なおさらだろう。それでも『ＰＫ』はそのテーマに正面から向き合っている。そう考えると、宇宙人という突飛な設定をしたのも分かる気がしてくる。

『ＰＫ』は当時のインド映画の国内興行収入最高額を更新し、それを『バジュランギおじさんと、小さな迷子』がさらに更新した。インドとパキスタンの関係、そして宗教そのものの意味。インド映画には、エンターテインメントとして素晴らしい出来映えであると同時に、シリアスな問題に切り込んで常識を揺さぶる作品が数多くあるが、両作品はまさにその代表例と言えるだろう。

第5章　日本はインド独立運動をどう描いたか？

独立運動の拠点だった日本

ここまで主にインドで製作された映画を中心に独立運動や近現代史を解説してきた。本章では視点を変えて、日本がそうしたインドの歩みをどう描いてきたのか、あるいは描こうとしたのかについて解説していきたい。

「中村屋のボース」ことラーシュ・ビハーリー・ボースやスバース・チャンドラ・ボースについて取り上げる中で、戦前・戦中の日本がインド独立運動に深く関わってきたことはすでに記した。日露戦争での勝利以降、アジア諸国の日本に対する期待は著しく高まった。国外での独立運動を志すインド人活動家にとっても、日本は有力な選択肢になったのである。

A・M・ナイルのように、留学生として来日し、学業を続けながら日本で独立運動に傾倒していった者もいた。彼は一九二八年に京都帝国大学工学部に入学し、土木工学を専攻した。卒業後も日本に留まり、日本企業に就職して仕事をしながら（のちに退社）、ラーシュ・ビハーリー・ボースの右腕的存在として活動したのである。その後、活動の場を当時日本の強い影響下にあった満洲国にも広げ、「満洲ナイル」の異名を取るようになった。

戦後間もない時期は東京裁判の判事団のひとり、ラダビノード・パルの通訳を務めていたが、その後一九四九年、銀座にインド料理店「ナイルレストラン」を開業したことでも知られている。

　別の国を目指すところが途中で日本に立ち寄り、そのまま拠点にした活動家もいた。アーナンド・モーハン・サハーイはインドのビハールで独立運動に加わっていたが、アメリカに行きたいと考えていた。だがビザがすぐにおりなかったため、まず日本に行き、そこでアメリカ行きの可能性を追求しようとした。神戸に上陸した彼は、生活の糧を得るためさまざまな仕事をしながら、日本でも独立運動にのめり込んでいった。妻がスバース・チャンドラ・ボースと接点があったこともあり、ボースが一九四三年にドイツから来日すると、彼の腹心として活動した。ボースが同年一〇月にシンガポールで「自由インド仮政府」を樹立すると、サハーイは官房長官的ポストに就いた。

　サハーイは一男三女にめぐまれたが、特に父母の独立への思いに強い影響を受けたのが、長女のアシャだった。彼女は兵庫県魚崎（現神戸市東灘区）の小学校に学び、そこで「朝子」という日本名で呼ばれた。その後、サハーイの活動もあり一家は東京に引っ越し、アシャは昭和高等女学校（昭和女子大学の前身）に入学した。和歌をたしなみ、『源氏物語』

を愛読する文学少女だったが、来日したボースに母の紹介で会ったのがきっかけで、インド国民軍に設置された女性だけの部隊「ジャーンシー王妃連隊」への参加を志願する。そして彼女はこの連隊に日本から入隊する唯一のインド人女性になる。筆者はこの「朝子」ことアシャの物語を、本人をはじめ多くの関係者への取材や資料にもとづいて『インド独立の志士「朝子」』という本にまとめたことがある。インド独立運動とそこで日本が果たした役割を知る上で、ぜひ読んでいただきたい一冊だ。

日本人がインド革命家に扮した『進め独立旗』

一九四一年一二月から対米英戦が始まると、「大東亜映画」と呼ばれる映画作品群が製作された。その中に、日本におけるインド人活動家に焦点を当てた作品があった。『進め独立旗』という、一九四三年公開の映画である。監督を務めたのは衣笠貞之助で、彼は一九五三年公開の『地獄門』が第七回カンヌ国際映画祭でパルムドールを受賞したこともある名監督だ。戦後の『ゴジラ』で知られる円谷英二が特撮担当で参加しているのも目を引く。

『進め独立旗』は、作家・橘外男が一九三八年に発表した『ナリン殿下への回想』という小説が下敷きになっている（この小説は三八年上期の直木賞受賞作でもある）。ストーリーの概略を説明しよう。ヴィルプールという架空の藩王国があり、そこの王子であるナリン殿下が主人公である。彼はインド独立運動のリーダーで、「ラタン」という名前で活動していた。その彼が一九三九年ごろ、日本に来て活動をはじめるところから物語が展開していく。ラタンは東京のインド人クラブで集会を開き、気勢を上げる。ところがクラブのインド人管理人が実はイギリス大使館のスパイで、ラタンは追われる身となる。一方、カパデア商会というインド系の会社があり、そこは在日活動家の拠点になっていた。そこに出入りするアタールというインド人は、バンコクで開催される独立運動の大会に出席しようとしていたが、イギリス大使館に拉致されてしまう。大使館員はアタールを拷問してラタンの居場所を聞き出そうとするが、彼は口を割らずに絶命する。しかしイギリス大使館はラタン捕獲を諦めず、策を弄してついに身柄確保に成功するが……といったところだ。

『進め独立旗』の宣伝ポスター
出所：指田文夫の「さすらい日乗」

実はこの映画、ラタンやアタール以下、インド人を全員日本人俳優が演じている。イギリス大使館の館員も同様だ。英語やヒンディー語は出てこない。ラタンを演じている長谷川一夫のほか、入江たか子、轟夕起子といったキャストで、当時のスター俳優ではあるが、インド人役となると奇異な印象を受ける（ただ、轟夕起子のサリーの着こなしはすばらしく、インド人かと見まがうほどマッチしていた）。エキストラ的なかたちでインド人も出ているのだが、彼らに台詞はない。俳優ではないとはいえ日本語が達者な在日インド人もいたのだから、せめて一人か二人でも起用すれば良かったと感じるのだが、どうだろうか。

　この映画の製作には、日印協会職員でインド通の三角佐一郎が加わっていたという。どのようなかたちかはわからないが、インドおよびインド人の描き方、日本での独立運動等についてアドバイスをしたのではないかと推察される。作中では東京のインド人クラブが集会の会場となっているが、これは神戸にあるインド人クラブを意識したものだろう。ラタンがイギリス大使館に追われるところは、ラーシュ・ビハーリー・ボースのケースを想起せずにはいられない（その後の展開はもちろん異なるが）。また、インド人活動家の大会に代表者を派遣しようというエピソードは、一九四二年にバンコクで開かれた実際の会議がモチーフになっていると考えて良い。

ただ、「先進的な日本がイギリス支配に苦しむインドを助けるのだ」というトーンは気になった。そこは三角のアドバイスというよりは、製作サイドが作品に込めた意図なのかもしれない。作中でラタンが「われわれは武器を持たないから弱いのだ」と訴えていたが、そうしたシーンを盛り込むことで、観客の同情を喚起するとともに、日本はインド独立運動を軍事面も含め支援すべきだという方向に導こうとしているように感じられる。その一方で、マハートマ・ガンディーの肖像画が小道具的に入っていた。インド独立運動を象徴する存在だったとはいえ、ガンディーが「非暴力」を掲げていたことは当時もわかっていたはずだ。「武力」と「非暴力」の問題をどう整理すれば良いかはインド独立運動を考えていく上で重要な論点だが、『進め独立旗』ではとくに触れられていなかった。

映画が公開されたのは一九四三年の一〇月二一日である。日本を盟主とした「大東亜共栄圏」構想が推進されていた時期と重なる。一一月初旬に東京で大東亜会議も開かれており、アジアの首脳（日本と友好関係にある国に限られていたが）が集結するというタイミングを見据えての公開だったのだろう。冒頭から反英スローガンも字幕で映し出されており、「時局」を感じさせられた（ただし、映画の設定となっている一九三九年の時点では対米英戦はまだ始まっていない）。こうしたインド独立運動の描き方は、半世紀後にも繰り返されることになる。

日本軍が目論んだインド国民軍宣伝映画

一九四三年六月、シンガポール。日本軍占領下で「昭南」と改称されたその街に、ひとりの日本人映画監督が到着した。彼の任務は、陸軍報道部の依頼でインド国民軍とスバース・チャンドラ・ボースをテーマにした記録映画を製作することだった。

その日本人の名は、小津安二郎。戦後に『東京物語』や『秋刀魚の味』をはじめとする作品群を手がけた、日本を代表する映画監督のひとりだ。『浮草物語』（一九三四年）や『戸田家の兄妹《きょうだい》』（一九四一年）をはじめとする作品が『キネマ旬報』のベストテン第一位を獲得していたように、戦前の時点ですでに名声を確立していた。

実は小津は、この直前まで軍の依頼で別の映画を製作することになっていた。ビルマ戦線をテーマにした『ビルマ作戦　遥かなり父母の国』という作品で、脚本も出来上がり、配役も決まっていた。小津自身、召集されて一九三七年九月から三九年七月まで伍長（のちに軍曹）として日中戦争に参加したことがあった。その実体験が彼にとって初の戦争映画であるこの作品にも活かされるはずだった。ところが、脚本の内容に軍からクレームがつき、お蔵入りになってしまったという。その代わりに軍からあらためて提案された映画のテーマがインドだったというわけだ。

シンガポールの小津をテーマにした「幻のシンガポール」という短編小説がある。小説という形式こそとってはいるものの、小津以下関係者はすべて実名で登場している。何よりも、著者の高橋治は小津の下で名作『東京物語』の助監督を務めた人物であり、創作はあるが、ノンフィクションに近い（彼はその後作家に転じ、直木賞を受賞する）。その冒頭、陸軍関係者が大船で小津に接触し、インド国民軍をテーマにした映画の監督を引き受けてくれるよう依頼する場面がある。

「この映画は歴史に残るものになるはずです。ニュースであってはいけない。といって、絵空事の軍の宣伝であってもいけない。きっと、いままでなかったような映画……そんなものに出来るはずだと思うんです。」

「……あなたなら、宣伝でないなにかをこの映画に加えられるかも知れない。」

小津に期待されていたのは、日本国内向けだけでなく、対外的にインド国民軍とボースの活動をアピールする映画の製作だった。シンガポールでは、佐官待遇だったという。彼の他に、脚本家の斎藤良輔、助監督の秋山耕作、撮影担当の厚田雄春《ゆうはる》（一〇日ほど遅れて合流）が現地に赴いた。

南方総軍でインド工作を担当していた光機関所属で、小津の「お世話役」をしていたという高木秀三は、小津が精力的に準備を進めていた様子を次のように振り返っている。

「小津さんは馬来〔引用者注：マレーのこと〕軍や印度側と密接な連絡をとりながら、熱心に打合わせや諸準備を進めておられた。

一度はマレー半島北部のペナンに車を飛ばしてチャンドラ・ボース氏と会見、昼食を共にされたこともあった。席上、ボース氏と小津さんの話題は独立運動から映画論にまで及び、この偉大なる志士と名監督との胸襟を開いての対話はいつ果てるともなく続いたのである。」（「シンガポールの小津さん」、『小津安二郎　人と仕事』）

このとき小津は、ボースに『オン・トゥ・デリー』というタイトルをつけてもらったという。ヒンディー語で「チャロー・デリー」。彼が一九四三年七月にシンガポールでインド国民軍の将兵を前に呼びかけた、「デリーへ進軍せよ」という意味のスローガンだ。それを小津に授けたのである。

小津の「お世話役」はもうひとりいた。南方軍総司令部の総軍報道部所属で、当時主計中尉だった進藤次郎という人物である。彼は『朝日新聞』の記者で、応召して報道部配属になっていた。彼の回想文では映画製作の詳細については語られていないが、毎日夕方に小津の部屋か自分の部屋に関係者が集まって、翌日の予定やそのための軍の協力の取りつけなどについて打ち合わせをしていたという（それが終わると、そのまま飲み会に移行していたようだ）。光機関と総軍報道部がそれぞれ担当者をつけるほど、小津は重視されていたことがうかがえる。

では肝心の撮影はどうなったのか。撮影担当として小津に同行した厚田の回想を引用しよう。

「ぼくはサイレント・キャメラのパルボを一台だけ持ってきてたんで、それで撮れるものは撮っておこうということになり、スタッフがいないから現地の若者を編成して、一部インサート用に、独立軍〔引用者注：インド国民軍のことと思われる〕の兵舎や戦闘訓練の兵士の演習シーンなどを撮るには撮ったんです。」

しかし戦況が悪化の一途をたどっていったことから、映画どころではないという話になり、製作は中止されることになってしまう。結局、小津は戦争映画を完成させることはなかったのである。

だからといって、小津らはすぐに帰国できるわけでもなく、宙ぶらりんの状態でシンガポールで日々を過ごすことになった。そこで彼は、ハリウッド映画を大量に見る機会にめぐまれた。シンガポールの英軍が一九四二年二月に撤退する際に放置したものだったが、軍事目的のために溶解処理される予定だった。それを「フィルムの点検」と称して、内輪で鑑賞会を開いたのである。『風と共に去りぬ』や『嵐が丘』は繰り返し見たほか、ディズニーの『ファンタジア』には衝撃を受けたという。これが戦後の小津作品にも少なからず影響を及ぼしたのではないだろうか。

それにしても、『オン・トゥ・デリー』の製作が中止になってしまったことはかえすがえすも残念でならない。小津安二郎はインド国民軍、そしてボースをどのように描いていただろうか。女性だけで編制される「ジャーンシー王妃連隊」もきっと取り上げていたことだろう。完成にこぎ着けて上映されれば、何らかのかたちでインドにも伝わり、独立運動を刺激できていたかもしれない。せめてシンガポールで撮影したというフィルムや脚本の一部、あるいは小津のメモだけでも残っていればと思うが、そのような話は聞いたことがない。どのタイミングかはわからないが、敗戦とともに焼却されてしまったようだ。

　とはいえ、それは小津らの身を守るという点では有効だったのかもしれない。日本降伏後、彼らはシンガポールに再上陸したイギリス軍によって収容所で抑留生活を送ることになる。そのとき彼は軍人ではなくシビリアン、つまり民間人に分類された。これが軍人扱いで、それこそインド国民軍を描く映画を製作していたことが露呈すれば、イギリス軍側の対応もかなり違ったものになったはずだ。さすがに戦犯にはならないまでも、徹底した訊問を受けたり、抑留期間が長くなったりしていたのではないか。その意味で、小津自身と戦後の日本映画にとっては重要な局面だったと言える。

インド国民軍やボースが登場する日本映画

　次に取り上げるのは、小津がシンガポールに赴いたときから半世紀以上を経た一九九八年に公開された日本映画だ。その作品では、インド国民軍やスバース・チャンドラ・ボースが登場する——伊藤俊也監督の『プライド　運命の瞬間《とき》』だ。極東国際軍事裁判（東京裁判）でA級戦犯として起訴され、死刑判決を受けた東條英機をテーマにした映画として知られている。対米英戦開戦時に首相兼陸相を務めた東條が東京裁判で日本の戦争の正当性を主張する姿が描かれているのだが、実はこの映画、「インド要素」が随所に盛り込まれている作品でもある。

　映画は一九四一年一二月八日に、東條英機首相兼陸相が開戦の声明を読み上げるシーンで始まる。しかしすぐにシーンが切り替わり、一九四七年八月一五日のインド・ニューデリーに舞台が移る。パリの凱旋門に似た「インド門」の前に白いインド服を着た多くの民衆が集まり、イギリスからの独立達成に歓喜する様子が映し出されている。独立運動を率いたジャワーハルラール・ネルー、スバース・チャンドラ・ボース、マハートマ・ガンディーの大型肖像パネル、それに「ジャイ・ヒンド（インド万歳）」や「ネータージー・キ・ジャイ（ボース万歳）」といった横断幕やボードも掲げられていた。

　中でも焦点が当てられていたのがボースだ。彼が一九四一年にインドを脱出し荒涼とした土地（おそらくアフガニスタン）を徒歩で移動する様子、そして四三年に日本をめざし潜水艦を乗り継ぐシーンがある。さらに、ボースはシンガポールで広場に集結したインド国民軍の将兵を前に演説を行い、祖国の自由獲得のために犠牲を求め、「チャロー・デリー」と呼びかけて鼓舞していた。この部分だけ見たら、日本製作のインド独立運動映画ではないかと思ってしまうほどインドにフォーカスが当てられている。

その後は東條を軸に東京裁判の審理の過程が描かれていくのだが、ここでもうひとり重要なインド人が登場する。ラダビノード・パル判事である。パルについては後で詳述するが、インド政府（派遣時点では英領インド）から派遣された判事として途中から審理に加わり、罪状のうち「平和に対する罪」と「人道に対する罪」は事後法だとして、Ａ級戦犯となった被告全員を「無罪」とする少数意見（パル判決書）で知られる。映画でも裁判や東條の心理描写と並行して、パルの視点が描かれていた。

東條英機をメインにしつつ、パル判事やボースも重点的に取り上げたのは、なぜなのか。どうやら、当初の企画はパル判事を軸にした映画だったようなのだ。しかし伊藤俊也監督が、日本で製作するのであれば日本人を中心にしないと支持されないのではと提案し、東條が主人公に決まったという。ただ、パル判事も捨てがたかったのか、出来上がった作品では彼にもかなりの時間が割かれている。あるいは、東京裁判が東條（および他の被告）に対する「勝者の裁き」だったという不当性を強調しようとするねらいもあったのかもしれない。

ボースについてはどう捉えれば良いのだろうか。東條は来日したボースと一九四三年六月に東京で会談し、その熱意にほだされてそれまでのインド独立運動に対する懐疑的な姿勢を一変させ、支援を約束したという縁があったことは第2章で記したとおりだ。ボースがシンガポールでインド国民軍将兵に演説したときに現地訪問中だった東條が壇上に居合わせるシーンが入っていたのも（これは史実）、東條が主人公の映画にボースが出ることの意味を示したかったのだろう。さらに言えば、インド独立にかかわる一連の描写を通じて、日本の戦争は自衛のみならず「アジア植民地の解放」という崇高な目的があったという側面を強調しようとする意図があったのではないか。

とはいえ、こうした描き方には少々無理があると言わざるを得ない。映画が「植民地支配からアジアを解放する」という側面に光を当てることで東條、ひいては日本の正当性を際立たせようとしたかったとして、そのための具体例がインドなのかと言われると、素直に首肯しがたいところがある。

一九四一年一二月に日本はアメリカとイギリスに宣戦布告したものの、その時点でインドをイギリスの植民地支配から解放することは念頭に置いていなかった（四二年一月にはオランダとも開戦）。マレー半島やシンガポールで降伏したイギリス軍には多数のインド人将兵が含まれており、その中から志願者を募り「インド国民軍」が編制された。しかし、当初から日本軍と国民軍が共同でインドに進攻しようという計画があったわけではなかった。ボースが来日し東條から協力を取り付けた一九四三年半ば以降になってようやく具体化したのである。一九四四年のインパール作戦はそれを実行に移したものではあったが、作戦自体が失敗に終わったのは第2章で記したとおりだ。さらに、そもそも日本はインドを「大東亜共栄圏」には含めていなかったし、ボースのほうも一九四三年一一月に東京で開かれた「大東亜会議」には、あくまでオブザーバーとして出席するにとどめていた。

日本はインド独立運動を支援し、インパール作戦ではインド国民軍とともに戦った。映画『ラーグ・デーシュ』でも描かれたように、そのインド国民軍に参加した英領インド軍将兵が「国王陛下に対する反逆」の罪で戦後に裁判にかけられるも、国民の強い同情とイギリスに対する反発を巻き起こし、独立達成に至った――そういうストーリーにしたかったのだろう。ただ、それを東條英機と東京裁判の映画に組み込み、さらにパル判事の存在も際立たせようとしているのだから、よほど当時の状況、とくにインド独立運動の推移や背景について理解していないと、次々に描かれる展開についていくのは大変なのではないかと感じた。

個別のエピソードでも疑問点があった。パル判事が帝国ホテルで立花という客室係の案内でボースが一九四三年の初来日時に滞在していた部屋を見に行くシーンがある。立花は架空の人物で、語学力を買われて日本軍に採用され、インド国民軍の通訳を務めていたという設定になっていた（作中では明示されていなかったが、日本軍のインド工作を担当した「光機関」所属だったということなのだろう）。インパール作戦にも従軍し、過酷な環境の中でインド解放のために戦ってきた経験から、日本の正当性を主張しようとリスクを承知で弁護側の証人として裁判に出廷するのだが、裁判長から「関連なし」として退廷を命じられていた。その彼が提出した宣誓口供書がパルの目に止まり、接点ができる。パルは立花を通じてボースに思いを馳せ、インド独立に捧げた生涯に深い敬意を表するのだった――。インド人という共通項から二人をつなげようとしたのだろうが、実際はパルはボースに関心を抱いていた形跡はないのである。これは次項であらためて検討したい。

『プライド』はドキュメンタリー映画ではないので、立花のような架空の人物を登場させる手法は効果的だと思う。作品後半で彼がどのような行動を取るのかはあえて秘密にしておくが、筆者にはなかなか興味深い筋立てとして映った。だが、ひとつの作品に複数の要素を盛り込もうとした結果、特にインドに関する部分は中途半端になってしまった感は否めない。もう少し歴史的背景も丁寧に踏まえてほしかった。戦後半世紀以上の時を経て日本でパルやボースを取り上げた映画が製作された意義は評価したいが、同時に物足りなさを感じた作品でもあった。

国際制作ドラマ『東京裁判』で描かれたパル判事

東京裁判に焦点を当てた作品は他にもある。ドキュメンタリー映画としては、『東京裁判』が有名だ。小林正樹監督が裁判のフィルムをもとに一九八三年に製作したもので、約四時間四〇分という大長編である。二〇一九年八月にデジタルリマスター版が東京・渋谷の映画館ユーロスペースで上映されて筆者も見に行ったが、まったく長さを感じないほど引き込まれた（インド映画のように途中休憩もあった）。東條はじめA級戦犯となった被告を中心に、判事、検察、弁護団の肉声と表情を収めた、貴重

2019年4Kデジタルリマスター版公開時のポスター ©講談社

な歴史記録になっている。武満徹が担当した音楽も印象的だった。

インドとの関わりでは、やはりパル判事がどう描かれるかがポイントになってくる。その意味で興味深かったのが、連続ドラマ『東京裁判　TOKYO　TRIAL』である。NHKが企画原案を作り、オランダおよびカナダと共同制作したもので、二〇一六年一二月に四回に分けて放送された。なお、現在はNetflixやU-NEXTで視聴可能である。ドラマでは、判事や検事の動きは新たに撮影されたものだが、東條はじめ被告の様子は当時の映像を使用しており、臨場感を増していた。

ドラマの内容の前に、ここで東京裁判について整理しておこう。日本は一九四五年八月に降伏するが、その際に受諾したポツダム宣言には「戦争犯罪人の処罰」が謳われていた。一九四六年一月には「極東国際軍事裁判所条例」が制定され、検事団や判事団の任命が行われ、四月には二八人のA級戦犯が確定・起訴された。法廷となったのは市ヶ谷の旧陸軍士官学校講堂で、開廷したのは同年五月三日のことである。なお、枢軸国のドイツでも、ナチスの戦争犯罪者に対する裁判が一九四五年から四六年にかけて行われている（ニュルンベルク裁判）。

『プライド』のところでも触れたように、東京裁判は「勝者の裁き」ではないかという主張が根強くあり、今日に至るまで論争が続いている。判事団は米英ソ中など連合国出身者だけで構成されており、検察団も同様だった。さらに物議を醸したのが、被告に対する罪状である。①「平和に対する罪」、②「通常の戦争犯罪」、③「人道に対する罪」という三つの容疑があったが、①と③は戦争当時にはなかった概念であり、事後法で被告を裁こうとしたものであった。さらに、検察団は被告人に対し「共同謀議」があったと主張したが、これは共謀罪（コンスピラシー）というアメリカ法に特徴的な概念で日本の状況に当てはめられるのか、さらには「一九二八年一月一日から四五年九月二日まで」という期間は妥当なのかについても疑念が持たれた。

弁護団――日本人弁護士だけでなくアメリカ人弁護士もいた――は審理の中でこうした点を問い質したが、受け入れられなかった。審理は二年六カ月あまりにわたり続き、一九四八年一一月に判決言い渡しが行われた。結果はA級戦犯全員が有罪となり、そのうち東條や廣田弘毅元首相、板垣征四郎元陸相など七人は死刑となった（一二月二三日に刑執行）。

五月三日の開廷時点では、判事団は九人で構成されていた。オーストラリア出身のウェッブが裁判長を務め、アメリカ、イギリス、ソ連、中国、フランス、カナダ、オランダ、ニュージーランドから一人ずつ判事が派遣された。ドラマ『東京裁判』でも、冒頭はこの九人が開廷に向けて議論を行う様子が描かれていた。さらにアジアから二人判事を追加することになったが、インドのパル判事もフィリピンのハラニーリャ判事も到着したのは開廷後のことだった。二人の加入によって、判事団は一一人となった。

ドラマでは、アメリカやイギリス、カナダの判事たちが多数派を形成しようとする一方で、オランダのレーリンク判事、それにインドのパル判事が「事後法」について問題視し、完全な一致とまではいかなかったが、議論を経て考えを近づけていく様子が描かれていた。ちなみにパル判事を演じていたのは、インドの名優イルファン・カーンである（本章コラム⑤参照）。実際のパル判事とは外見がかなり違うが、裁判のあり方に疑問を抱き、自らの信念を貫き通す姿勢が効果的に表現されていた。

ドラマでは、パルのインド独立運動に対する見方が垣間見えるシーンがあった。オランダのレーリンク判事が宿舎の帝国ホテルでパルの部屋を訪ねたときだ。そこにはマハートマ・ガンディーの写真が置かれており、パルはそれを指して「真の英雄です」とレーリンクに説明していたのである。これは、『プライド』で描かれたボースに対する共感とは大きく異なる（ドラマ『東京裁判』ではボースはいっさい登場しない）。ではパルは、ガンディーとボースのどちらに共感していたのだろうか。

実はこの点をめぐっては、専門家のあいだでも見解が分かれている。中島岳志はパルを扱った著書や対談で、彼は「ガンディー主義者」だったとしている。パルは東京裁判や連合国による占領が終わって日本が主権を回復した後の一九五二年に再来日しているが、一〇月二九日には早稲田大学で「平和への志向――ガンジーの教義――」と題した講演を行っていた。そこで彼は、こう語っている。

「私はここにみなさんにはっきり申し上げることのできるのは、この世の中にほんとうの平和を教えたのは、マハトマ・ガンジーひとりであるということである。私は世界の指導者のなかで、平和にたいして信頼できる唯一者は聖雄ガンジーであると確信している。」

「イギリス統治下二百年間の苦悩と圧政は言語に絶するものがあった。（中略）しかし、そのときガンジーはわれわれを指導してくれた。（中略）目的がどんなに正しく立派であっても、手段、方法を誤ってはならない。悪なる暴力に訴えてはならない。」

一方、パルはボースやインド国民軍にシンパシーを抱いていたという見方もある。中里成章によると、パルは東京裁判で東京にいた間に、カルカッタ大学時代の旧友である木村日紀《にちき》と再会を果たしているが、木村は戦時中に陸軍嘱託としてインド国民軍を支援する工作に従事していた。さらに中里は、他の研究に言及するかたちで、「パルがチャンドラ・ボースに共感していたことは周知の事実だった」とも記している。

すでに触れたように、パルは事後法で被告を裁くことに納得せず、全員を「無罪」とする少数意見をまとめた。これが「日本無罪論」として喧伝されることになるのだが、ほんとうにそうなのかについては、丁寧に見ていく必要がある。パルが「平和に対する罪」と「人道に対する罪」を事後法と見ていたのはたしかだが、だからといって日本に戦争責任がなかったとしているわけではない（「通常の戦争犯罪」は有効との立場だったが、いずれの被告も証拠不十分と判断した）。この「日本無罪論」が一人歩きしたり、パル判決書が部分的に都合良く切り取られたりすることは、彼の考えとは必ずしも一致しないことを踏まえておくべきだ。

東京裁判について書かれた書物は膨大な数にのぼる。研究書から一般向けの解説書のほか、判事や弁護人といった当事者による回顧録もある。そうしたなかで映像作品が興味深いのは、裁判という、ともすれば地味と受け止められかねない舞台を視覚的に理解させてくれる点にある。本章の締めくくりに、映画やドラマの「舞台」について触れておきたい。もちろん、インドとの関係での話である。

『プライド』でも『東京裁判』でも、裁判の「主戦場」である市ヶ谷の法廷が忠実に再現されていたが、もうひとつ忘れてはならない場所があった。帝国ホテルである。法廷にはもちろん判事控室があり、ウェッブやレーリンク、パルらが議論を重ねていたが、彼らの宿舎だった帝国ホテルでも、レストランやバーで「延長戦」、あるいは「事前工作」が展開されていた。パルとレーリンクがしていたように、部屋の中での議論もあっただろう。そして『プライド』でも触れられていたように、裁判の数年前にはボースもまたこのホテルに滞在していた。

当時の帝国ホテルはアメリカの建築家フランク・ロイド・ライトの設計で造られたもので、一九二三年に開業した。大谷石とスクラッチレンガを用いた重厚な造りで、多様な幾何学模様とその間から光が入り込む様子が美しい。映画やドラマでも、裁判のストーリーや登場人物だけでなく、このような面もぜひ注目してほしいポイントだ。ちなみに、愛知県犬山市の明治村には、この帝国ホテル旧館の一部が移築されている。中央玄関に入ると、かつてパルやボースも通ったのだろうと往時に思いを馳せることができる。

コラム⑤　インド版「親ガチャ」の突破方法――『スーパー30』と『ヒンディー・ミディアム』

第3章のコラム③で取り上げたIITには、インド中から優秀な学生が結集している。JEEと呼ばれる共通入学試験があるが、倍率は五〇～一〇〇倍にもなり、激しい受験戦争を勝ち抜いたわずかな者だけが入学を許される、狭き門だ。それだけに、予備校や塾、家庭教師といった受験産業が盛んになるのは当然の成り行きと言えるだろう。

だが、そうした手段に誰もがアクセスできるわけではない。経済的に恵まれた家なら子女に手厚い準備をさせることが可能だが、そうした層は限られている。一方で、優れた才能を持ちながらも家庭の事情で、塾はおろか、学校に通うことすら満足にできなかった子どもたちが多数いることを忘れてはならない。

ある意味、インドは日本以上に「親ガチャ」がある国なのだ。「どの家に生まれるか」によって受けられる教育、得られる収入、歩める人生が左右されてしまう。ガチャに当たれば良いが、外れてしまえばどうなるか。本人に素質があればなおさらだろうが、素質があることにすら気づけないかもしれない。チャンスさえあればIITで学べたであろう子どもがポテンシャルを活かすこともできず、単純労働で一生を終えていく——そんなケースがインド各地に数え切れないほどあるはずだ。

『スーパー30　アーナンド先生の教室』は、そんな子どもたちの中から優秀な者を選抜し、特訓を施してIIT入学を目指させた実在のカリスマ予備校講師を主人公にした映画だ。インドでは二〇一九年に公開され、日本では少し間が空いて二二年に公開された。

インド東部、ビハール州の州都パトナーにアーナンド・クマールという男がいた。彼はIIT合格を目指す有名予備校の人気数学講師だったが、ある日、学費を工面できずに退学となった少年と出会ったことがきっかけで、新しい道を歩むことを決断する。実は彼自身も少年時代は家が貧しく、ケンブリッジ大学の入学許可を得ながら留学資金を用意することができなかったために、夢を諦めざるを得なかった過去があった。

そこで彼がはじめたのは、授業料や寮費が無料の私塾を開き、貧しい子どもたちの中から三〇人を選抜してＩＩＴ合格に向けて特訓を施すことだった。希望を抱いた子どもたちが集まり、アーナンド先生の指導のもとで勉強をはじめる。それまで彼が在籍していた予備校から妨害を受けたり、運転資金にも苦労したりするが、それでも生徒たちはＪＥＥを受験するところまでこぎ着ける。結果はいかに――。

　このストーリーから、日本の読者なら元はコミックでドラマ化もされた『ドラゴン桜』を想起するかもしれない。ドラマ版と比べるなら、アーナンド・クマール役を演じたリティク・ローシャンと『ドラゴン桜』で主人公の弁護士桜木役を演じた阿部寛は、彫りの深さもあってかどことなく雰囲気が似ている気もする。だが、生徒たちが置かれた環境の過酷さや受験そのものの厳しさからすれば、『スーパー30』のほうがはるかに壮絶ではないかという印象を筆者は受けた。

　この物語は実話がベースになっていると書いたが、いまでも「スーパー30」は続いている。数年前に塾を取材したという知人の邦字紙記者によると、教室は片側にしか壁がないという厳しい環境で生徒が熱心に勉強していたということだった。なお、映画ではかなり脚色されているが、実際のアーナンド・クマールは元の予備校とも良好な関係を維持した上で、自分の塾を運営しているという。

インドの子どもたちは、大学受験のはるか前に「ある選別」を受ける。小学校の段階から、ヒンディー語など現地語で授業を行う公立校か、英語で授業を行う私立校かに分かれるのだ（英語のプリスクールや幼稚園もある）。前者を「ヒンディー・ミディアム」、後者を「イングリッシュ・ミディアム」と呼ぶ。インドでは多くの人が英語を話すと言われ、たしかに多くの場面で英語が通じることが多いが、誰もがビジネスレベルの運用能力を持っているわけではない。英語が使いこなせるようになるためには、早い段階から英語「を」学ぶだけでなく、英語「で」学ぶ学校にということになり、イングリッシュ・ミディアムの中学校、さらには小学校に子女を入れようと親は躍起になる。

だが、誰もが私立校に通えるわけではない。高額な授業料もさることながら、富裕層以外の家庭の人間にとっては場違いな感じを抱く世界でもある。**『ヒンディー・ミディアム』**は、一人娘を「グラマー・スクール」と呼ばれるデリーの名門私立校に入学させようと父母が奮闘する様子をコメディタッチで描いたヒンディー語映画だ。インド公開は二〇一七年、日本公開は二年後の一九年である（筆者は駐日インド大使館で行われた上映会で鑑賞した）。特に熱心なのは父のほうで、受験コンサルタントに相談しに行ったり、保護者向け面接の特訓を受けたりと、涙ぐましい努力を重ねていく。低所得者枠を利用して選考を有利にするため、驚きの行動に出たりもしていたが、はたして肝心の結果がどうなったかは、作品を実際に見てもらいたい。

　父役を演じているのは、本章で取り上げた『東京裁判』でパル判事役を務めたイルファン・カーンだ。本作や『めぐり逢わせのお弁当』など日本でも公開されたインド映画に加え、『スラムドッグ$ミリオネア』や『ジュラシック・ワールド』、『ライフ・オブ・パイ　トラと漂流した２２７日』など海外作品にも多数出演しており、国際的にも知名度の高い俳優——だった。過去形にしたのは、二〇二〇年四月、五三歳という若さで病死したためだ。派手さはないが安定した、渋い演技が印象的で、筆者も好きな俳優だった。早すぎる死が惜しまれてならない。

　なお、二〇二〇年公開の『イングリッシュ・ミディアム』は、『ヒンディー・ミディアム』と直接のつながりはないが「精神的続編」とされる。こちらは、主人公のインド人少女がイギリス留学する様子をコミカルに描いた物語だ。『イングリッシュ・ミディアム』にもイルファン・カーンが少女の父役で出演しているが、これが遺作となった。

終章　映画が描き出すインドの過去と現在、そして未来

独立を実現したインド人の「力」

　ここまで書いてきてあらためて感じるのは、『ＲＲＲ』の破壊力と巨大なインパクトである。コラムも含めてさまざまなインド映画および関連する外国映画を取り上げてきたが、『ＲＲＲ』の存在感は突出している。この映画が公開されてからというもの、筆者が初対面の人にインドのことを研究していると話すと、聞いてもいないのに「『ＲＲＲ』見ましたよ」と返されたのは一度や二度ではない。インド映画と言えば『ムトゥ　踊るマハラジャ』が代名詞的存在だったが、いまや完全に『ＲＲＲ』に取って代わられた。「ナートゥ・ナートゥ」の歌とダンス、ＶＦＸを活用した迫力満点の戦闘シーン、そして何よりもビームとラーマのドスティ（友情）。極上のエンターテインメント、という賛辞はこの映画のためにあるかのようだ。

　エンターテインメントなのだから楽しければそれで十分、という考え方もあるだろう。筆者もこれまで『ＲＲＲ』を繰り返し見てきたが、その度に――もう何が起きるかは完全に頭に入っているにもかかわらず――興奮したものだった。だが同時に、やはりこの映画の舞台は一九二〇年のインドに設定されているという点もつねに意識していた。そして、映画のインパクトの強さゆえに、この映画で描かれたイギリスのインド支配や当時のインドの状況を作品の時代の前後に起きた経緯も含めて丁寧に解説する必要があるのではないかという思いを強くしていった。

それは、イギリスによる植民地支配がどのようなものだったかというだけでなく、それに対してインド人はどう抗い、どのような経緯で悲願の独立を達成したかについて説明するという作業でもあった。一八世紀から二〇世紀前半にかけて世界を支配した当時の超大国・大英帝国から独立を勝ち取るのは並大抵のことではなかったが、インドはそれをやってのけた。イギリスとインドという当事国だけでなく、当時の国際環境や戦争の影響ももちろんあった。しかし、決め手となったのはインド人のすさまじい「力」だったのではないかと筆者は感じている。

では、「力」とは何か。すぐに思い浮かぶのは、武装闘争だろう。『RRR』で描かれたラーマとビームによるスコット総督のイギリス植民地政府に対する挑戦は、それを象徴するものだった。現実には、スバース・チャンドラ・ボースと彼が率いたインド国民軍の戦いや「インドのジャンヌ・ダルク」ことラクシュミー・バーイー、革命家バガト・シンの活動が代表例と言える。彼らはインドにおいて英雄視されており、本書で紹介した映画でも取り上げられてきた。

　だが、インドを独立に導いたもうひとつの「力」があった。非暴力である。本来「非暴力」は「暴力に非ず」という意味だが、「非暴力」が持つ「力」という意味で使っている。映画『ガンジー』は、マハートマ・ガンディーという指導者の下で自由を求めるインド人のエネルギーが非暴力運動に結集していく過程が効果的に描かれていた。「塩の行進」で、ガンディーらが海岸を目指して道行く中で、次々に民衆が合流していくさまは、とくに印象的だった。この二つの「力」が相容れることはなかったし、双方が気脈を通じてひそかに連携していたというわけでもない。しかしどちらかが欠けていたら、果たしてインドは独立を達成していただろうか。仮に実現していたとしても、時期や中身は史実とは違ったものになっていたかもしれない。その意味で、二つの「力」はいわば車の両輪のような関係にあったと筆者は捉えている。

　一方で、そのガンディーとて限界があったことも忘れてはいけない。ヒンドゥーもムスリムも一体となって独立する「統一インド」を夢見ながらも、ムハンマド・アリー・ジンナーとの溝は最後まで埋まらなかった。ヒンドゥーの中でも、「不可触民」に対する差別解消に取り組みながらも、「カーストの絶滅」を唱えるビームラーオ・アンベードカルの支持を得ることはできなかった。

同様のことはボースについても言える。彼のカリスマ性やリーダーシップ、神出鬼没の行動力は、外から武力でインドを解放しようという運動の最大の推進力となった。だが、国外にあって領土も国民もないなかで、ドイツ、日本、そして最後はソ連と、つねに有力な連携相手を見つけなくてはならなかった。そこでは思ったような支援が得られないこともあれば、連携相手に依存せざるを得ないため独自の動きが制約されたこともあった。本書で取り上げた作品は、そうした側面も描いている。

『RRR2』ができたらどうなるか？

こうしたことを考える中で筆者が夢想するのは、もし『RRR』の続編、つまり『RRR2』が製作されるとしたら、ストーリーはどうなるかというテーマである。『RRR』でラーマとビームはスコット総督を倒すことに成功していた。その世界線を延ばしながら、同時に一九二〇年以降の実際の展開も踏まえるということになるのだろうが、そう簡単な作業ではない。

『RRR』に続編のヒントがあるとすれば、ラストシーンではないだろうか。戦いを終えて故郷に帰還するとき、ラーマから「礼に何が欲しい？」と聞かれたビームが、「読み書きを」と答えた、あの場面だ。武力による戦いは終わった、これから大事なのは言葉の力なのだ——そういうメッセージだと筆者は受け止めた。

ビームのみならず、インドの民衆に読み書きを普及させるというのは、ある意味、武力闘争以上に困難な任務だと言える。当時のインドで、読み書きができた人はいったいどれほどいただろうか。一九二一年実施の国勢調査で示された識字率の結果は、驚くべきものだ——男性で一二・二%、女性にいたってはわずか一・八%でしかなかったのである。インド独立後はじめて実施された一九五一年の国勢調査でも、男性二七・一六%、女性が八・八六%だった。合計では一八・三三%。国民の五人に四人は文字を読んだり書いたりすることができなかったのである。ビームはラーマから読み書きを教えてもらいながら、それを仲間にも、さらには同胞にも広げていくことができるだろうか。

そこで筆者が思い浮かべたのは、幸村誠のコミック『ヴィンランド・サガ』だ。一一世紀の北欧が舞台の第一部では、主人公でヴァイキングの青年トルフィンがさまざまな敵と激しい戦いを繰り広げていく様子が描かれている。しかしその後トルフィンは考えをあらため、第二部（二〇二三年末時点で連載中）では仲間たちとともにアイスランドから北米に移り、「ヴィンランド」という戦いのない理想郷を建設しようと奮闘する。派手なアクションシーンはないかもしれないが、ラーマとビームがインドの大地で同じような道を歩む続編を見てみたい。

その意味で、『ＲＲＲ』で二人が繰り広げたのは「最後の武装闘争」だと思いたい。だが、現実はそう生やさしいものではないことを歴史は証明している。一九一四年にヨーロッパで世界大戦が始まったとき、それは「戦争を終わらせるための戦争」なのだと言われた。だが後にこの戦争の名称には「第一次」という補足が加わったことからもわかるように、暴力の連鎖はやまなかった。ビームとラーマにしても、史実どおりなら一九二〇年代から三〇年代にかけてニザーム藩王国や植民地政府に対して武装蜂起することはすでに記したとおりだ。二〇二三年末時点では、そもそも続編について確定的な話は何も出ていない。だが、ラージャマウリ監督による架空の古代インドの王国を舞台にした映画『バーフバリ』が二部作だったように、『ＲＲＲ』にも同じことを期待しているのは筆者だけではないだろう。

歴史映画が映し出す現代の空気

歴史を扱う創作物全般に当てはまることだろうが、歴史映画は製作される時代の状況とも無縁ではない。本書で取り上げた近年のインド近現代史映画も、現在のインドの文脈で捉えることで見えてくるものがある。

第3章でも指摘したように、やはり大きなファクターは、急速な成長と国際社会の中での地位向上を背景とした、ナショナリズムの高揚である。イギリス植民地時代を否定する傾向が強まっていることは、二〇〇一年公開の『ラガーン』や〇五年の『マンガル・パンデー』と、一九年の『サイラー　ナラシムハー・レッディ』や二二年の『RRR』との違いに表れている。そうした流れは映画だけではない。自国の対外的表記を「インド（India）」から「バーラト（Bharat）」に変えようとする試みや古代インドの伝統に理想を求めようとするのも、この文脈で理解すべきだろう。

インドの台頭を考える際に考慮すべきなのは、ヒンドゥー・ナショナリズム的傾向も強まっているという点だ。一九四七年の分離独立によって、パキスタンがムスリムのホームランドになったのに対し、インドはヒンドゥーが多数派でありながらも多様な宗教の信徒が住む、世俗的な国家として誕生した。今日、人口の八割弱がヒンドゥーだが、ムスリムも一四・二％いる（他にクリスチャン二・三％、シーク一・七％など）。一四億超という世界最大の人口が分母となるので、ムスリムを例にとれば約二億人いる計算になる。だが、すべてのヒンドゥーが反ムスリムではないにせよ、ヒンドゥーの利益を優先すべきという主張が強まれば強まるほど、マイノリティをめぐる状況は厳しくなる。二〇二三年には、そうした風潮が歴史映画にも及んでいることを示す一件があった。

　第2章で、ティプー・スルターンについて少し触れたのを覚えているだろうか。一八世紀後半、幾度にもわたりイギリスと戦ったインド南部マイソール王国の支配者だ。彼を主人公に据えた映画『ティプー（*TIPU*）』が製作されていたのだが、七月下旬にプロデューサーのサンディープ・シンが製作の中止を発表したのだ。巨大な軍事力を持つイギリス東インド会社に挑んだ南インドの英雄の生涯を描くのかと思いきや、どうやら話は逆だったようなのだ。

「スルターン」という称号からわかるとおり、彼はムスリムである。その彼を英雄視するのではなく、偏狭な暴君として描こうとしていたという。監督を務めることになっていたラシュミ・シャルマは五月、「ティプー・スルターンのイスラム過激主義は彼の父、ハイダル・アリー・カーンのそれよりはるかにひどかった。彼はあの時代のヒトラーのような存在だった」と発言していた。ヒンドゥーの視点では、彼は英雄などではなく、ファナティックな破壊者だというのだ。製作側のこうした姿勢にはさすがに批判が巻き起こり、ついにはプロデューサーに殺害予告が届く事態にまでなった。サンディープ・シンは声明で「意図せず誰かの宗教的感情を傷つけていたとしたら、心からお詫びします」と書いていることからも、おそらくはムスリムから強い反発があったことがうかがえる。表現の自由があるとはいえ、そのまま製作・公開されたら、相当な物議を醸す作品になっていたことは間違いない。

　時代状況の反映という点では、『進め独立旗』のように、戦時中の日本で製作されたインド独立運動についての映画もそうだろう。あるいは、敗戦から半世紀以上を経た一九九八年に公開された『プライド』も、歴史教科書や日本の戦争責任をめぐる問題についての議論が活発になっていた当時の状況に通じるものがある。

今後のインド歴史映画への期待

　序章で、本書は『ＲＲＲ』で取り上げられたエピソードを入口にして、当時のインドで起きていた反植民地闘争の実態に迫るものだということを示した。他にもさまざまな映画を紹介しながら、読者を「出口」まで導いたつもりだが、いかがだろうか。ただ、それは「出口」であると同時に、新たな「入口」の始まりでもある。独立運動を中心とした近現代インドの歩みは、世界史的な意義を持つとともに、そこには数々の壮大なドラマが詰まっている。

本書は「映画」というアプローチをとったため、各作品に登場する人物に焦点を当てることが多かった。しかし、独立運動の文脈で、他にも取り上げたかった人物はまだまだいる。独立運動を担ったのは、「非暴力」のガンディーや「武力解放」のスバース・チャンドラ・ボースだけではない。ビジネスの世界で民族の自立を達成しようとした人物もいた。ジャムセトジー・タタという一九世紀後半に活躍したインドの企業家である。自動車から小売り、コンサルティングまで幅広い分野をカバーするタタ財閥の創始者で、日本なら渋沢栄一のような存在と言えるだろう。一九〇三年にボンベイ（現ムンバイ）で開業したタージマハル・パレス・ホテルはインドを代表するホテルだが、これも彼が手がけたものだ。その背景には、彼自身が別のホテルに入ろうとしたところ、白人専用であることを理由に断られたという経験があり、それならばと民族資本の高級ホテルを自ら造ることにしたのだという。

そう考えている時、インドの映画会社T-Seriesとオールマイティ・モーション・ピクチャーが、二〇二二年にタタ一族の物語の映画化権を取得したというニュースが目に止まった。ベストセラーとなった『タタ家　ビジネスと国を築き上げたある一族の物語（*The TATAs: How A Family Built a Business and a Nation*）』（未邦訳）を原作として、三代にわたるタタ家が歩んだ道のりを描くという。二〇二三年末現在、監督や主演等の詳細についての情報はないが、完成したら『RRR』や『ガンジー』とはひと味もふた味も違ったインド近現代史映画になるのではないか。これからも、この分野のインド映画から目が離せない。

エンドロール・コラム　ハイデラバードで映画と独立運動に思いを馳せる

インド映画の「聖地」

二〇二四年一月初旬のある日、筆者は「王国」にいた。と言っても、実在の国ではない。S・S・ラージャマウリ監督作品『バーフバリ』シリーズの舞台となった、「マヒシュマティ王国」という古代インドの架空の世界である。インド南部の都市ハイデラバード郊外に「ラモジ・フィルムシティ」（以下「ラモジ」）という映画のスタジオ兼テーマパークがあり、そこに『バーフバリ』の撮影セットが残されているのだ。

ラモジはギネスブックでも認定された世界最大の映画スタジオでもあり、エントランスではそのことが誇らしげに示されていた。総面積は一六六六エーカーとされるが、これだとピンとこない。日本で広さを表す際に用いられることが多い「東京ドーム」に換算して、約一四四個分と言われるとイメージしやすくなるだろうか。と言っても敷地のかなりの部分は草木が生い茂る土地で、スタジオやセットで埋め尽くされているわけではない。エントランスから園内バスに一〇分あまり乗った先に、テーマパークが広がっているのである。筆者は利用しなかったが、じっくり楽しみたい観光客向けにホテルも併設されている。

テーマパークも徒歩だけで回れる広さではないため、各エリア間が巡回バスで結ばれている。筆者が乗ったバスは、他は全員インド人だった。隣にいた少年と話をする機会があったが、マハーラーシュトラ州プネーから家族で来たと言っていた。インド人にとってもお目当てはバーフバリエリアのようで、バスガイドの男性が到着が近づいていることを伝えると、「バーフバリ!!　バーフバリ!!」と興奮した声があちこちで上がった。

門をくぐると、そこはまさにバーフバリの世界だった。ラモジでは六〇〇日にわたって撮影が行われたとのことで、最大のアトラクションになっていた。中央奥には作中でバーフバリが戴冠式で登った台座がしつらえてあり、その前には今にも走り出しそうなほど躍動感満点の六頭の巨大な馬の模型が配置されている。バーフバリが引いた途方もない大きさの山車やバラーラデーヴァがブルファイトを演じた雄牛の模型、大量に弓を発射できる武器などがあり、あちこちで来園者が写真撮影に興じていた。日本人が珍しかったのか、筆者はインド人客から何度も記念撮影を求められたものだった。日本でもバーフバリは大ヒットし、筆者も見たと言うと、驚きと喜びの声が上がったものだ。

　この日は最高気温が二八度ほどで、ポロシャツでちょうど良いくらいの陽気だった。これでもハイデラバードでは一年の中でもっとも気温が低い時期なのだ（暑さがピークに達する五月には最高気温は四〇度近くにもなるという）。一二月から二月にかけては雨もほとんど降らず、爽やかさを感じる。ラモジでは外を歩くことが多いため、結果的にベストシーズンでの訪問になった。それでもずっとバーフバリエリアを歩き回っていると、さすがに汗ばんでくる。そんなときに喉の渇きを癒してくれるのが、木陰で売っているサトウキビジュースだ。その場でサトウキビをジューサーにかけて作った搾りたてを飲むことができる。ジンジャーとライムも入っているので、甘さの中にもさっぱりとした味わいがあった。

　もちろん、バーフバリ以外にもさまざまなアトラクションが用意されている。移動中、屋内スタジオのような建物の入口脇に、「あの有名俳優」の巨大なパネルがあるのが目に入ってきた――ラジニカーントだ。どうやら、彼が主演した二〇〇五年公開のタミル語映画『チャンドラムキ　踊る！アメリカ帰りのゴーストバスター』の一部がラモジで撮影されたようだ。他にも、監獄やヨーロッパをイメージした街並み、空港の雰囲気が味わえる建物などがあり、飽きることがない。鉄道駅を模したコーナーでは、プラットホームでインド人客が入れ替わり立ち替わりテンポの良いインド映画音楽に合わせて即興の踊りを披露していて、インドらしさ満点だった。

『ＲＲＲ』については、残念ながらバーフバリのようなセットはなかった。同作はウクライナやブルガリア、オランダなどヨーロッパ各地でロケが行われたことが知られているが、ラモジでも一部のシーンが撮影されたと報じられている（この他、ハイデラバード市内のアルミ工場も使用されたという）。そう言われると、アトラクションが集中するエリア以外の広大な土地は、作品冒頭でラーマが警察署に押し寄せるインド民衆を撃退するシーンにうってつけのような気がしてくる。『ＲＲＲ』の世界にどっぷり浸れるアトラクションが作られれば、ラモジの人気はさらに高まることだろう。

湖畔にいたラーマとビーム

ラモジを満喫したあと、Ｕｂｅｒで呼んだタクシーと高架を走るメトロでハイデラバードに戻った。駅からオートリクシャーに乗って向かったのは、フセイン・サーガル湖である。一六世紀前半から一七世紀末にかけてゴールコンダ王国がこの地を支配したときに造られた人造湖で、ハイデラバードと隣のシカンダラバードの間に位置している。湖には巨大なブッダの立像があるのが目を引く。南の湖畔には公園や庭園のほか、白をベースとした、宮殿を思わせるインド・サラセニック様式の巨大な建物がある。これはテランガーナ州の新庁舎で、二〇二一年初めに着工し、二三年四月末から運用が始まった。

筆者のお目当ては、湖の東側を沿うように走るタンク・バンド・ロードだった。車やオートリクシャーが行き交う車道の脇に歩道があり、そこに歴史上の人物としてのアッルーリ・シータラーマ・ラージュとコムラム・ビームの像があると聞いていたからだ。そこには主にテルグ語圏で活躍した歴史上の人物の像が五〇メートルほどの間隔で設置されている。総数は三四体にも上るが、筆者は一体ずつ見ていくことにした。台座には正面にテルグ語、右側面にアルファベット、左側面にヒンディー語で名前が表記してあるのだが、前半に多いヒンドゥー教の高僧と思《おぼ》しき人物は、筆者もほとんど知らなかった。黒大理石でできた像は風雨にさらされたためかざらつきが目立っていたが、どれも悠久の歴史の重みを漂わせていた――もっとも、台座の下の段差には

アッルーリ・シータラーマ・ラージュ（1897頃–1924）は弓を持ち軍神のよう（筆者撮影）

市民が腰掛けて休息しているケースが多かったのだが。街路樹の枝葉が風に揺られ、偉人の像を撫でていた。

後半に入ると、眼鏡をかけた人物の像もあり、近現代の人物がメインになってくることがわかる。ウルドゥー語の詩人でインド独立直前にニザーム藩王国（ハイデラバード藩王国）に対して反乱を起こしたマクドゥーム・モヒウッディン、二〇世紀前半にジャナーリストとして植民地政府の政策を批判したムトヌリ・クリシュナ・ラーオ、「テルグ語映画の父」と称されるラグパティ・ヴェンカイアー・ナイドゥーなどだ。

フロックコートを着て、右手に杖を持った人物の像もあった。顔を見上げると、インド人ではないようだ。英文表記にはこうあった。「サー・アーサー・トマス・コットン」。一九世紀後半にイギリス軍から灌漑専門のエンジニアとしてインドに派遣され、マドラス管区で数々の治水プロジェクトを指揮したイギリス人だ。「植民地支配下でも良いことはあった」という主張はしばしば論争の対象となるが、少なくともコットンについては肯定的な評価がなされているようだった。

どれも興味がつきない人物ばかりなのだが、肝心のラーマとビームがなかなか出てこない。時系列でいけば最後の方だろうとは思っていたが、すでに一キロ半は歩いていただけに、少々疲れも感じていた。そうしたなか、二七体目で登場したのがラーマだった。上半身は裸でルンギ（腰布）を巻いただけの簡素な服で、左手には弓を、右手には矢を持っていた。豊かなあごひげを蓄え、目を見開き、左足を軽く前に出したさまは、いまにも歩き出しそうな雰囲気を漂わせていた。比較的最近の設置なのか、黒い像はつやを失っていなかった。

コムラム・ビーム（1900頃–1940）は先住民のゴンド族をまとめ、反乱を率いた（筆者撮影）

ビームは三四体目、つまり最後だった。他の台座が茶色なのに対し、ビームだけは白大理石でできており、順番からしても最も新しく設置されたことがうかがえた。ラーマと同様にルンギを巻いていたが、半袖の開襟シャツを着ており、右手に持ったライフルを高く掲げていた。頭にはターバンを巻き、口ひげを蓄え、瞳は鋭い光を放っていた。時間の経過で変色してはいたもののマリーゴールドの大きな花輪が首に掛けられており、地元の敬慕の強さが伝わってきた。

像を見て回る途中、向かいから数名の若者が歩いてきた。その一人が着ていたＴシャツは『ＲＲＲ』のもので、ラーマとビームの顔がカラーでプリントされており、現地でも根強い人気があることがうかがえた。

ニザーム藩王国の栄華を伝える宮殿

ラモジに行った前日には、現地在住経験のある友人に紹介してもらったインド人女性と会い、市内を案内してもらった。ハイデラバードはビリヤニと呼ばれるインドの炊き込みご飯が名物料理で、ぜひ食べたいとリクエストしたところ、「シャダーブ」という彼女イチオシの店に連れて行ってくれた。他でもハイデラバード・ビリヤニを食べたことはあったが、ここのマトン・ビリヤニはスパイスの味わいや肉の柔らかさ、肉の出汁が染み込んだライスと、どの面をとっても最高レベルだった。

旧市街ではハイデラバードのシンボル、チャールミナールに行った。「四つの光塔」

を意味する名のとおり、建物の上に二〇メートルはあろうかという光塔が四隅に配置されており、街のランドマークになっている。近くにはインド最大級のモスクがあるほか、婚礼用の女性向け衣装を扱う店が多数軒を連ねていた。インドでは新年を特別に祝うわけではないが、テランガーナ州の場合は一月一日を祝日にしているようで、大勢の人びとでごったがえしていた。大混雑のさまは、年始の浅草寺・仲見世通りのようだった。

　次に向かったのが、チョウマハッラ宮殿だ。チャールミナールがゴールコンダ王国時代に創建されたのに対し、この宮殿はニザーム藩王国の王家が居所としたものだ。敷地こそコンパクトだが、宮殿の中に入ると豪華さと荘厳な雰囲気に圧倒される。王家の所蔵物を展示する博物館エリアがあるほか、外には所有していた数々の高級車も陳列されていた。数あるインドの藩王国の中でもニザームは最大の領域を持ち、かつ最も豊かだった。一連の展示からは往時の栄華が見て取れた。

　ニザーム藩王国は、一七二四年にムガル帝国の宰相、カマルッディン・カーンによって王国として成立した。イギリス東インド会社とは時に戦火を交え、時に和平を結ぶといった関係だったが、一七九八年に軍事保護条約を結び、イギリス支配の下での藩王国となった。藩王国内にはイギリス軍が駐留し、領土の割譲も強いられた。しかしイギリスとは良好な関係を維持し、一八五七年のインド大反乱の際にはイギリス側に付き、反乱の鎮圧に協力している。そうしたイギリスとの親密な関係をうかがわせる当時の写真が宮殿内に何点かあった。藩王国側がイギリス人と思しき白人を招いて食事会をしているときの様子を捉えたものだ。

しかしその一方で、この藩王国に戦いを挑んだ者もいた。そう、ビームである。森の民ゴンド族からすれば、ニザーム藩王国による焼き畑農業の禁止は生存にかかわる問題だった。ビームは一九二八年に蜂起を始め、四〇年に警官によって殺害されるまでの間、実に一〇年以上にわたり闘争を続けたのである。ビームの殺害後も、彼が火を付けたゴンド族の反乱はつづいた。

そしてニザーム藩王国自体も、重大な転機を迎える。一九四七年八月一五日にインドが独立したが、藩主はムスリムだったがヒンドゥー教徒の人口の割合が多かったニザーム藩王国は帰属を表明しなかった。かといって、西パキスタン（現在のパキスタン）も東パキスタン（現在のバングラデシュ）も距離的に遠く、パキスタン帰属は現実的ではなかった。そこでニザーム藩王国は独立を宣言し一度はインドと協定を結ぶのだが、インドがその状態を許すはずもなかった。一九四八年九月にインドはニザーム藩王国に軍を派遣し、五日後に当時の藩王、ウスマーン・アリー・カーンが降伏した。こうしてニザーム藩王国は二二四年の歴史に幕を閉じ、インドに併合された。

　その後、インドは言語別に州を設置する政策をとり、一九五三年に旧マドラス管区のテルグ語地域がアーンドラ州となった。一九五六年にはニザーム藩王国側のテルグ語地域も編入され、アーンドラ・プラデーシュ州となった。一九八〇年代から九〇年代にかけて三度にわたり同州の州首相を務めたのが、Ｎ・Ｔ・ラーマ・ラオである。政界入りする前はテルグ語映画のスター俳優として活躍し、監督やプロデューサーもこなした。「ＮＴＲ」の略称で知られている——と書けば、ピンとくるのではないだろうか。そう、彼の孫が『ＲＲＲ』でビームを演じた「ジュニアＮＴＲ」ことＮ・Ｔ・ラーマ・ラオ・Jr.なのである。現在につながるこの地域の歴史に思いを馳せながら、筆者は宮殿を後にした。

あとがきと謝辞

「『ＲＲＲ』見ましたよ」。二〇二二年一〇月に同作が日本公開されて以来、筆者が初対面の相手にインドの研究をしていると言うと、こちらから聞いたわけでもないのに先方から『ＲＲＲ』の鑑賞経験を話してくれる機会が何度もあった。Ｓ・Ｓ・ラージャマウリ監督の『バーフバリ』シリーズもインド映画の認知度を大きく上げたが、『ＲＲＲ』はそれを大きく上回るレベルでファンの裾野を広げていることを感じてきた。

『ＲＲＲ』はもちろん、それを通じてインドへの関心が高まることは、インドに関わっている身としては嬉しいことだった。筆者自身も『ＲＲＲ』を鑑賞して、ストーリーやアクション、「ナートゥ・ナートゥ」のダンスに魅了されてきた。ビームとラーマや彼らの仲間、敵役の総督夫妻に至るまで、個性的なキャラクターも魅力的だった。そしてインドの近現代史を守備範囲とする者にとっては、一九二〇年という時代設定と反英闘争の描き方が気にならないわけがなかった。フィクションとはいえ、当時のインドの状況が随所に織り込まれており、大きな流れからディテールまで、見る度に新たな気づきが得られた。

　同時に、こうも感じていた。『ＲＲＲ』ではじめてイギリス支配下のインドに接する観客は、従来の伝えられ方とは違ったかたちでインド近現代史を理解することになるのではないか、と。それには二つの意味がある。ひとつは、イギリスによる苛烈な植民地支配に対し、武力による抵抗をクローズアップしたという点である。もちろん作中で展開する戦いは完全な創作だが、ビームとラーマという武装蜂起を行った実在の人物をモデルとしている。史実では二人が戦った相手はそれぞれ異なるが、映画ではイギリス人の総督を力によって打倒するというかたちで描かれていた。もうひとつは、ガンディーらによる「非暴力」の闘争に触れられていない点である。ストーリーの流れを考えればそうなるのだろうが、インド独立運動を知る上ではガンディーを避けるわけにはいかない。

　そうしたことを考えているうちに、『ＲＲＲ』で描かれたインド独立闘争について解説するとともに、近現代史をテーマにした他の映画も幅広く取り上げてはどうかというアイデアが出来上がっていった。インドの近現代史、とりわけ独立闘争はそれ自体が壮大なドラマであり、『ＲＲＲ』から「インド沼」に入ったファンにもきっと関心を持ってもらえるはずだと思ったのだ。

だが、いざやってみると、映画という切り口は面白さと難しさの両面があることを実感した。執筆に当たり、『RRR』はもちろん、他の作品も可能な限り再鑑賞した。各作品を比較すると、同じ事象や時代でも描き方が大きく異なり、その違いが興味深かった。また、近年のインドの政治社会状況が作品に反映されているのだろうと感じることもあった。フィクションと史実の違いを整理してどう伝えるか、歴史的事象や人物を今日的な文脈で描くことがもたらす意味、さらには日本はインド独立運動をどう取り上げようとしてきたのか。もちろん筆者とは違った捉え方もあるだろうが、インド近現代史という観点から『RRR』をはじめさまざまな作品の理解を深めてもらえればという思いを抱きながら、原稿を書き進めていった。

本書の企画は、二〇二三年六月に「東洋経済オンライン」に掲載された『RRR』とインド近現代史に関する拙稿が原点になっている。また、同年八月六日には朝日カルチャーセンター名古屋教室で、「『RRR』で描かれたインド近現代史を学ぶ」と題したオンライン講座を担当した。いくら人気映画に関するものとはいえ近現代史という硬いテーマだけに、受講者はそう多くないのではと思っていた。しかし蓋を開けてみると六〇人以上の方々が集まり、関心の高さを実感した。担当していただいた同教室の河邊夏子さんにはこの場を借りて、感謝の気持ちを伝えたい。

ハイデラバード在住経験がある荊尾遥さんは、筆者が現地を訪問する際に友人を紹介してくれたほか、原稿の一部に目を通してくれた。ハイデラバードでは、インド人のスウェタさんが街を案内してくれた。彼女のおかげで絶品のハイデラバード・ビリヤニを堪能し、限られた時間の中でチャールミナールやチョウマハッラ宮殿を見学できた。その際の見聞は、エンドロール・コラムに反映されている。二人にも心から感謝している。

文春新書編集長の西本幸恒さんには、企画について高く評価していただいた。また新書編集部の大石正輝さんには、前作『第三の大国　インドの思考』に続いて今回も担当していただいた。タイトなスケジュールの中で本書の刊行にこぎ着けることができたのも、大石さんの丁寧かつ迅速なサポートと本質を突くコメントやアドバイスがあってこそである。それに、文藝春秋の優秀な校閲担当者にもたいへん感謝している。今回に限ったことではないが、細かなところまで徹底的にチェックしていただいたおかげで、誤字脱字にとどまらず、筆者の思い違いを修正することができた。いつもながら、一冊の本を世に出すプロセスには、ここに挙げなかった方も含め多くの人々が関わっていることを実感している。

そうしたみなさまに深い感謝の意を伝えたい。

二〇二四年一月

笠井亮平

picture-acquire-rights-to-the-story-of-the-tata-family/

また、原作の情報は以下のとおりである。Girish Kuber, *The TATAs: How A Family Built a Business and a Nation*, HarperCollins, 2019.

エンドロール・コラム

ラモジ・フィルムシティの総面積については、インド国立映画開発公社（NFDC）内に設置された映画推進室（FFO）のウェブサイトでは1666エーカーとなっている。“FILM CITY, HYDERABAD,”
https://ffo.gov.in/en/film-cities/hyderabad 一方、ラモジの公式サイトでは2000エーカーという記載がある。“About Us,”
https://www.ramojifilmcity.com/about-us

『RRR』のロケ地については、以下の記事を参照した。“3000 Technicians to 300 Days of Shooting, What Went Into the Making of RRR,” *News18*, March 25, 2022,
https://www.news18.com/news/movies/3000-technicians-to-300-days-of-shooting-what-went-into-the-making-of-rrr-4907399.html

ニザーム藩王国の歴史については、Rajmohan Gandhi, *Modern South India: A History from the 17th Century to Our Times*, New Delhi: Aleph Book Company, 2018. で詳述されている。N. T. ラーマ・ラオについては、2023年に刊行された評伝に詳しい。Ramachandra Murthy Kondubhatla, *NTR: A Political Biography*, Gurugram: HarperCollins, 2023.

いる。

　テレビ東京が2019年に放送したドラマ『二つの祖国』でも東京裁判が扱われているが、このときは初めて市ヶ谷の旧陸軍士官学校講堂（現防衛省市ヶ谷記念館大講堂）で撮影が行われたという。

　ボースの帝国ホテル滞在時の様子は、以下の文献に言及がある。竹谷年子『客室係がみた帝国ホテルの昭和史』（主婦と生活社、1987年）。

終章
　幸村誠『ヴィンランド・サガ』（アフタヌーンコミックス）は、2023年末現在で単行本が27巻まで刊行されている。
『ティプー』製作中止に関するサンディープ・シンの声明は、彼のX（旧ツイッター）で発表された。以下のリンクで閲覧可能である。
https://twitter.com/thisissandeeps/status/1683380408044621824
　ティプー・スルターンに関するラシュミ・シャルマの発言は、以下の報道にもとづく。“Sandeep Singh and Rashmi Sharma’s film, ‘Tipu’ exposes the fanaticism of the Mysore King Tipu Sultan,” *Times of India*（*Times Entertainment*）, May 4, 2023,
https://timesofindia.indiatimes.com/entertainment/hindi/bollywood/news/sandeep-singh-and-rashmi-sharmas-film-tipu-exposes-the-fanaticism-of-the-mysore-king-tipu-sultan/articleshow/99973489.cms?from=mdr
　ジャムシェトジー・タタの映画化企画については、以下の記事で報じられていた。“T-Series And Almighty Motion Picture Acquire Rights To The Story Of The Tata Family,” *Pragativadi*, May 25, 2022,
https://pragativadi.com/t-series-and-almighty-motion-

でベンガル絵画から抜け出した婦人のようで、インド人そのものだ」と評している。松岡環「轟夕起子のサリー姿」、『月刊みんぱく』2005年10月号、
https://www.minpaku.ac.jp/sites/default/files/museum/showcase/bookbite/gekkan/0510-01.pdf
『ビルマ作戦　遙かなり父母の国』が中止になった経緯は、松浦莞二、宮本明子共編『改訂新版　小津安二郎・人と仕事　上』（電子書籍版）（小津安二郎学会、2022年）所収の新藤兼人「俺はあとでいいよ＝ロー・アングルの形と主題＝」を参考にした。シンガポールでの撮影に関する厚田の回想は、厚田雄春、蓮實重彦『小津安二郎物語』（筑摩書房、1989年）から引用した。「幻のシンガポール」は、高橋治『絢爛たる影絵　小津安二郎』（岩波現代文庫、2010年）所収。高木秀三「シンガポールの小津さん」と進藤次郎「銀座あそび」も、『改訂新版　小津安二郎・人と仕事　上』に収録されている。

インパール作戦については、笠井亮平『インパールの戦い　ほんとうに「愚戦」だったのか』（文春新書、2021年）を参照していただきたい。

連続ドラマ『東京裁判　TOKYO TRIAL』の基本情報は、NHK公式ウェブサイトの関係ページを参考にした。『NHKスペシャル　ドラマ「東京裁判」』、
https://www6.nhk.or.jp/drama/pastprog/detail.html?i=tokyotrial

パル判事のガンディーとボースに対する見方は、以下の文献にもとづく。中島岳志『パール判事　東京裁判批判と絶対平和主義』（白水社、2007年／白水Uブックス、2012年）、中島岳志、西部邁『パール判決を問い直す　「日本無罪論」の真相』（講談社現代新書、2008年）、中里成章『パル判事　インドナショナリズムと東京裁判』（岩波新書、2011年）。パルの早稲田大学での講演は、ラダビノード・パール（田中正明編著）『パール博士「平和の宣言」』（小学館、2008年）に収録されて

ド会社』（名古屋大学出版会、2017年）。

ネルーの生涯について日本語で書かれたコンパクトな文献としては、中村平治『人と思想32　ネルー』（清水書院、2014年）。一方、ジンナーの場合は日本語の文献は限られている。中野勝一『パキスタン政治史　民主国家への苦難の道』（明石書店、2014年）は、建国時だけでなく、その後のパキスタンが歩んだ道について、政治面を中心に書かれたものである。

アンベードカルについては多くの評伝がある。比較的入手しやすいものとしては以下のものがある。ダナンジャイ・キール（山際素男訳）『アンベードカルの生涯』（光文社新書、2013年）、嵩満也編『変貌と伝統の現代インド　アンベードカルと再定義されるダルマ』（法藏館、2018年）。

第5章

A・M・ナイルとナイルレストランについては、A・M・ナイル（河合伸訳）『知られざるインド独立闘争　A・M・ナイル回想録』（風濤社、2008年）および水野仁輔『銀座ナイルレストラン物語』（小学館文庫、2013年）を参照した。アーナンド・モーハン・サハーイと娘アシャの物語は、笠井亮平『インド独立の志士「朝子」』（白水社、2016年）で詳述した。

「大東亜映画」や『進め独立旗』についてはいくつかの研究がある。本書では以下の文献を参照した。宜野座菜央見「戦時日本映画における断絶と継続」国際日本文化研究センター『新領域・次世代の日本研究』（2016年）、

https://nichibun.repo.nii.ac.jp/records/6545

三角佐一郎が製作に関わったとする言及は、以下のページに記載されている。「日印交流発展の立役者～三角　佐一郎氏～」、在インド日本国大使館ウェブサイト、2015年4月、

https://www.in.emb-japan.go.jp/About_Us/Ambassador_Message_j_2015_4.html

轟夕起子のサリー姿については、松岡環もエッセイで「まる

（じっぴコンパクト新書、2019年）、沖田瑞穂『インド神話』（岩波少年文庫、2020年）。「バガヴァッド・ギーター」に関する天竺奇譚氏の解説は、「インド映画『RRR』予習＆復習のためのインドの歴史とインド神話、時代背景などをまとめてみた（ネタバレなし）」、2022年10月23日、
https://note.com/tenjikukitan/n/ned19c688e320 の記述にもとづく。ジャイシャンカル外相は自著（笠井亮平訳）『インド外交の流儀』（白水社、2022年）の「第3章　クリシュナの選択——新興大国の戦略文化」で「マハーバーラタ外交論」を展開している。

第4章
『ニューヨーカー』によるS・S・ラージャマウリ監督へのインタビューは以下のリンクから閲覧可能。Simon Abrams, “The Man behind India’s Controversial Global Blockbuster ‘RRR’,” *The New Yorker*, February 16, 2023,
https://www.newyorker.com/culture/the-new-yorker-interview/the-man-behind-indias-controversial-global-blockbuster-rrr-s-s-rajamouli

ガンディーの評伝や彼の非暴力思想についての文献は多数あるが、入手しやすく、かつまとまった内容のものとして以下の書籍を紹介する。竹中千春『ガンディー　平和を紡ぐ人』（岩波新書、2018年）、杉本良男『ガンディー　秘教思想が生んだ聖人』（平凡社新書、2018年）、間永次郎『ガンディーの真実——非暴力思想とは何か』（ちくま新書、2023年）。ガンディー自身にも以下の著書がある。ガンディー（森本達雄訳）『獄中からの手紙』（岩波文庫、2010年）、マハトマ・ガンジー（蠟山芳郎訳）『ガンジー自伝』（中公文庫BIBLIO20世紀、2004年）。

塩の製造や流通が持つ意味については、以下の文献が参考になる。神田さやこ『塩とインド　市場・商人・イギリス東イン

https://www.politico.eu/article/india-wants-manuscripts-not-diamonds/

ウトサ・パトナイクの試算については、Ajai Sreevatsan, "British Raj siphoned out $45 trillion from India: Utsa Patnaik," *Mint*, November, 19, 2018, https://www.livemint.com/Companies/HNZA71LNVNNVXQ1eaIKu6M/British-Raj-siphoned-out-45-trillion-from-India-Utsa-Patna.html を参照した。

シャシ・タルールの著書の情報は以下のとおり。Shashi Tharoor, *Inglorious Empire: What the British Did to India*, Penguin, 2018. 彼はこれとは別に、*An Era of Darkness: The British Empire in India*, Aleph Book Company, 2016 という本も書いている。

ナレンドラ・モディの経歴と首相就任後の取り組みについては、笠井亮平『モディが変えるインド』（白水社、2017年）を参照してほしい。

ボンベイ高裁の司法判断に関する『インディアン・エクスプレス』紙の社説は次のリンクで閲覧可能。"Bombay HC is right–banning Pakistani artists is not the right step," *Indian Express*, October 24, 2023, https://indianexpress.com/article/opinion/editorials/bombay-hc-is-right-banning-pakistani-artists-is-not-the-right-step-8996665/

藤原岩市によるボースの日本刀返還については、前掲の *His Majesty's Opponent: Subhas Chandra Bose and India's Struggle against Empire* で触れられている。

インド政府による「民主主義の母」論は、Government of India, *Bharat: The Mother of Democracy* で展開されている。

インドの二大叙事詩については、以下の文献を参照。上村勝彦『インド神話　マハーバーラタの神々』（ちくま学芸文庫、2003年）、天竺奇譚『いちばんわかりやすい　インド神話』

ラクシュミー・バーイーについては、アメリカ人研究者ジョイス・チャップマン・リーブラの著書（藪根正巳訳）『王妃ラクシュミー　大英帝国と戦ったインドのジャンヌ・ダルク』（彩流社、2008年）に詳述されている。

スバース・チャンドラ・ボースについては英語で多くの評伝があるが、以下の文献がもっとも詳しく、かつまとまっている。Sugata Bose, *His Majesty's Opponent: Subhas Chandra Bose and India's Struggle against Empire*, Belknap Press, 2011. なお、同書の著者スガタ・ボース（ハーヴァード大学教授）はスバース・チャンドラ・ボースの親族である。

インドとパキスタンの分離独立を扱った文献も数多くあるが、日本語ではなかなか適当なものがない。Larry Collins and Dominique Lapierre, *Freedom at Midnight*, Simon & Schuster, 1975は早川書房から邦訳が『今夜、自由を』（上下）のタイトルで1977年に刊行され、1981年にはハヤカワ文庫からも刊行されたが、いずれも絶版となっている。

第3章

コ・イ・ヌールの物語については、ウィリアム・ダルリンプルとアニタ・アナンドの著書（杉田七重訳）『コ・イ・ヌール　美しきダイヤモンドの血塗られた歴史』（東京創元社、2019年）の記述を参照した。イギリス国王戴冠式におけるコ・イ・ヌールの扱いについては、「『支配の象徴』のダイヤ、戴冠式でカミラ王妃の冠に使用せず　英王室」『朝日新聞デジタル』2023年2月15日、https://www.asahi.com/articles/ASR2H652HR2HUHBI007.htmlを参照した。インドはコ・イ・ヌールではなく他の文化財の返還を求める考えだという報道は、政治中心のオンラインニュースメディア「ポリティコ」欧州版が報じた。“Modi wants manuscripts, not diamonds, returned to India,” *POLITICO*, May 16, 2023,

スのインド支配を読み解く』（ミネルヴァ書房、2020年）などが参考になる。

ウダム・シンによるオドワイアー暗殺事件については、アニタ・アナンドの本で詳述されている。Anita Anand, *The Patient Assassin: A True Tale of Massacre, Revenge and the Raj*, Simon & Schuster, 2019.

実在の人物としてのラーマとビームについての記述は、以下の文献を参照した。Tuhin A. Sinha and Ambalika, *The Great Tribal Warriors of Bharat,* Rupa Publications India, 2022.

「ナートゥ・ナートゥ」の撮影場所については、以下の記事に詳しい記述がある。“*RRR*’s Naatu Naatu was shot at Ukrainian President Zelenskyy’s official residence,” *Condé Nast Traveller*, January 11, 2023,
https://www.cntraveller.in/story/naatu-naatu-rrr-golden-globes-award-shooting-location-ukraine/ 同記事によると、『RRR』冒頭でビームが登場する森のシーンは、ブルガリアの首都ソフィアで撮影されたという。

チダンバラム・ピッライの評伝の書誌情報は以下のとおり。A. R. Venkatachalapathy, *Swadeshi Steam: V. O. Chidambaram Pillai and the Battle against the British Maritime Empire*, Penguin Random House India, 2023.

『ムトゥ』については、江戸木純『インド極楽映画最高傑作ムトゥ　踊るマハラジャのすべて』（ジャパン・ミックス、1998年）を参照した。

第2章

ナラシムハー・レッディやティプー・スルターンが活躍したのは、南インドだった。この地域の歴史を理解するには、辛島昇編『南アジア史3　南インド』（山川出版社、2007年）が有用である。

情報源についての解説

本書の記述に際し、参照したり引用したりした資料について、章ごとにまとめた。なお、インド映画についての概説や作品紹介は、以下の文献およびサイトが参考になる。

夏目深雪、松岡環ほか『新たなるインド映画の世界』（PICK UP PRESS、2021年）
松岡環『アジア・映画の都　香港〜インド・ムービーロード』（めこん、1997年）
松岡環監修・編『インド映画完全ガイド　マサラムービーから新感覚インド映画へ』（世界文化社、2015年）
山下博司、岡光信子『アジアのハリウッド　グローバリゼーションとインド映画』（東京堂出版、2010年）
アルカカット『Filmsãgar』https://filmsaagar.com/

第1章

インド大反乱については多くの文献があるが、長崎暢子『インド大反乱一八五七年』（ちくま学芸文庫、2022年）を参考にした。

ラーシュ・ビハーリー・ボースの生い立ちと日本での活動は、中島岳志『中村屋のボース　インド独立運動と近代日本のアジア主義』（白水社、2005年／白水Uブックス、2012年）に詳述されている。

イギリスのインド統治については、英語はもちろん、日本語でも多くの文献がある。浜渦哲雄『大英帝国インド総督列伝　イギリスはいかにインドを統治したか』（中央公論新社、1999年）、羽田正『興亡の世界史　東インド会社とアジアの海』（講談社学術文庫、2017年）、木村雅昭『大英帝国の盛衰　イギリ

笠井亮平（かさい　りょうへい）

1976年愛知県生まれ。岐阜女子大学南アジア研究センター特別客員准教授。中央大学総合政策学部卒業後、青山学院大学大学院国際政治経済学研究科で修士号取得。専門は日印関係史、南アジアの国際関係、インド・パキスタンの政治。在インド、中国、パキスタンの日本大使館で外務省専門調査員として勤務後、横浜市立大学、駒澤大学などで非常勤講師を務める。著書に『第三の大国 インドの思考　激突する「一帯一路」と「インド太平洋」』『インパールの戦い ほんとうに「愚戦」だったのか』（ともに文春新書）、『モディが変えるインド』（白水社）、『インドの食卓　そこに「カレー」はない』（ハヤカワ新書）、訳書にS・ジャイシャンカル『インド外交の流儀』（白水社）などがある。

文春新書

1443

『RRR』で知《し》るインド近現代《きんげんだい》史《し》

2024年2月20日　第1刷発行

著　者　　笠　井　亮　平
発行者　　大　松　芳　男
発行所　株式会社　文　藝　春　秋

〒102-8008　東京都千代田区紀尾井町3-23
電話（03）3265-1211（代表）

印刷所　　理　想　社
付物印刷　大　日　本　印　刷
製本所　　加　藤　製　本

定価はカバーに表示してあります。
万一、落丁・乱丁の場合は小社製作部宛お送り下さい。
送料小社負担でお取替え致します。

ISBN978-4-16-661443-1